ISBN 978-0-260-62519-9
PIBN 10960365

ABSTRACT

This publication contains 99 tables of statistics on land use, farm machinery, fertilizer availability, c op production, livestock and poultry numbers, livestock products, and per capita consumption of selected foods. Data are presented for Albania, Bulgaria, Czechoslovakia, East Germany, Hungary, Poland, Romania, Yugoslavia, and the Soviet Union. Explanatory notes define the terminology and describe the statistical concepts hat apply in each country.

KEY WORDS: USSR, Eastern Europe, Agriculture, Statistics, Land use, Inputs, Crops, Lives tk products, Consumption.

FOREWORD

This report updates _Agricultural Statistics of Eastern Europe and the Soviet Union, 1950-66_, ERS-Foreign 252, Economic Research Service, U.S. Department of Agriculture, February 1969. The time series in this publication are complete only through 1970 because official 1971 data are preliminary and subject to change. The most important production series will be updated in _The Agricultural Situation in Communist Areas_, published annually by USDA in April

Carolyn E. Miller was primarily responsible for updating the statistical series, with valuable assistance in statistical interpretation provided by Angel O. Byrne, H. Christine Collins, and Thomas A. Vankai.

Washington, D.C. 20250 **June 197?**

CONTENTS

LIST OF TABLES

ii

iii

v

EXPLANATORY NOTES

Official publications and statistical yearbooks of East European countries--Albania, Bulgaria, Czechoslovakia, East Germany, Hungary, Poland, Romania, Yugoslavia--and the Soviet Union are primary source material for all data in this study (see bibliography). Most groups and categories of data were uniformly consistent and could be aggregated for the entire area. But sometimes minor adjustments were needed to fit the standard accepted definition for the area.

Following the 1970 census, Polish official statistics were revised from 1965 forward. Thus, for some se ies (notably land use and grain statistics), Polish statistics prior to 1965 are not consistent with those ɸm 1965 to 1970.

Land Use

Total area: The entire area of the country including the area of inland waters.

Total agricultural area: Total arable area plus total pasture and meadow area.

Total arable area: Land under crops (double-cropped areas are counted only n e)ɸ land temporarily fallow, orchards, gardens, and vineyards.

Permanent meadow: Hay land that is not in the rotation.

Permanent pasture: Land for grazing.

Forest area: Natural or planted stands of trees of actual or potential value.

Data which fit the above standard definitions for land utilization were available for all countries except Czechoslovakia. Arable land according to the Czechoslovakian definition includes only cultivated land and vineyards. It does not include orchards and gardens. Because orchards and gardens are included in the total agricultural land, it was assumed that by subtracting all other known categories of land use from this total, the residual would approximate land used for orchards and gardens. This residual was heh added to the reported cultivated land and vineyards and the total was designated arable land.

Farm Type, Number, and Size

Socialization of land and other resources distinguishes East European and Soviet agricultural organization from that prevailing in non-Communist countries State farms and collective farms are the basic types of socialized agricultural enterprises.

State farms generally we established on confiscated church, corporate, and large private land holdings, and the state to k title to the land. State farms we expected to be models of efficient farm management and production. A major role of state farms has be to supply seed and breeding cattle to collective farms.

State farms employ hired labor. Payment is made in money rather than in kind. Each worker is also entitled to a small parcel of land for his own use. In the Soviet Union, the total area held by state farms and other state agricultural enterprises is considerably larger than that held by collective farms. In the East European countries, the reverse is true.

Collective farms were formed from both voluntary and forced contributions of privately owned land, equipment, and livestock. In most East European countries, the collective farmer retained title to an area of land equal to the amount contributed to the collective. However, the farmer cannot sell the land or withdraw it from the collective and he receives no rent or only a token payment. In the Soviet Union, all land is state-owned.

Collective farm peasants have for their ow use a plot of land generally 0.25-0.5 hectare in size. Earnings from private plot output are retained by the peasants.

In the past, collective farm workers were residual claimants on farm income; payments to collective farmers, in cash and in kind, we made from income remaining after payment of other obligations. Now, however, collectives in most countries guarantee a minimum wage, and an incentive system of bonuses is in effect.

Collective farms provide their ow working capital and fixed investment funds from the income of farm operations. State farms, however, have be heavily subsidized and investment capital has been supplied from the state budget. Recent economic reforms have cut back subsidies to state farms.

The average size of collective and state farms was calculated by dividing the arable land by the number of farms. The changes in both the number and size of farms reflect the impact of the many administrative reorganizations that have occurred since 1950. In general, the trend has been toward larger and fewer collective farms. Changes in the size and number of state farms has varied widely among countries.

The types of collective farms, by country, are:

Bulgaria: TKZS (Trudno-Kooperativno Zemledelski Stopanstvo) -- Labor-Cooperative Agricultural Enterprise.

Czechoslovakia: JZD (types III and IV) (Jednostne Zemedelske Druzstvo) -- Collective Farming Cooperative.

East Germany: LPG (Landwirtschaftliche Produktsionsgenossenschaft) -- Agricultural Producers Cooperative.

Hungary: TSZ (Termeloszovetkezet) -- Producers Cooperative.

Poland: SP (Spoldzielnie Produkeyjne) -- Income Distributing Cooperative.

Romania: CAP (Cooperative Agricole de Productie) -- Agricultural Producers Cooperative.

Yugoslavia: EPZ (Ekonomije Poljoprivredni Zadruge) -- Agricultural Cooperative.

U.S.S.R.: Kolkhoz (Kollektivnoye Khozyaystvo) -- Collective Farm.

Population

Population data were obtained from official censuses and annual official estimates for years between censuses. The last official census taken in Bulgaria was in 1965; in Czechoslovakia, East Germany, Hungary, and Poland, 1970; in Romania, 1966; in Yugoslavia, 1971; and in the Soviet Union in 1970. The midyear population is the arithmetic mean of the population reported at the beginning and end of the same population year.

Major Inputs

Machinery, tractors: All East European countries except Yugoslavia publish data on tractors in te ms of 15-horsepower units. Yugoslav data bw only he actual br of t act s. Since 1968, East ty discontinued publishing data in ts of 15-horsepower units. Data fr all countries include ts of th caterpillar and wheel s. Garden-type ts re excluded in calculating tr units in Poland. ts of ts in he Soviet Union re reported in th physical and 15-horsepower units. All East European countries and he U.S.S.R. re believed to calculate total horsepower at he drawbar or tr hitch.

Fertilizer: He data include he total nt of fertilizer available to agriculture in a single r. He quantities include he um of he basic nmercial fertilizer--nitrogen, phosphorous, and potash--in ts of pl nt nutrients. Wn lime ws included in he ty total, appropriate hctions re made.

Value of Gross Production

The index is derived from the total value of crops and livestock products in a single year. Under this concept, agricultural production is calculated without deducting the value of products that are used for further production in agriculture within the same or other farm enterprises, such as seed and livestock feed. The value of livestock feed, for example, is counted twice--as a part of total production of field crops and as part of the total production of animal products. Because of such double counting, this aggregative-type data cannot be used for the many purposes of economic measurement and comparisons customarily employed by Western economists.

All countries except East Germany and Yugoslavia report output in terms of gross production. Net value of production is published for East Germany and Yugoslavia. Net output is calculated by deducting the value of feed used in the livestock sector.

Commodities

Crops: All countries have ___ central reporting offices that ___ collect and evaluate data for ___ yield, and production of field crops. However, re- porting and presentation of the data vary considerably ___ ut the region.

For all countries, "___" "___" ___ to the harvested ___ of winter crops plus the ___ of spring crops.

Published production data in Bulgaria and Hungary ___ are based on a uniform moisture ___ of 13 to 15 percent for small grains, and 15 percent for corn. In Czechoslovakia, the moisture ___ for all grains is 15 percent. In Yugoslavia, the moisture ___ is 13 percent for wheat and 14 percent for corn. The moisture ___ does not appear to be taken into account in deter- mining the yield and production data in Poland and Romania. Eac___ C___ reports crop production in terms of clean weight, net of the ___, threshing, losses, and ___ moisture.

In the Soviet Union, the ___ are direct and indirect (sample survey) methods for estimating gross har___. The direct method is used for collective and sta___ farms. Both types of farms submit periodic reports on the sown ac___ age, yields, and gross output. The indirect method is used to determine the output of personal subsidiary holdings of collective far___ and em- ployees. This method is based on sampling ___ of farm budgets.

The Soviet Union reports grain and sunflower seed production in combine ___ wi___ ___ including ___ moisture and foreign ma___. This leaves a wide margin of variability in wei___ fo___ on yea___ to the ne___.

The data fo___ co___ are defined as unginned co___ and include the co___ bined weight of fiber and seed. Ginning fo___ fo___ the Soviet Union has ranged fro___ 34 to 35 percent during 1950–70.

Production data fo___ flax and hemp are reported on a stalk basis be___ retting and scutching. The weight of the fiber is approximately 17 to 18 per- ce___ of the unretted stalk.

Da___ fo___ su___ ar___ in te___ of total weight of the be___ Ra___ su___ equivalent generally varies fro___ 13 to 16 percent of the total weight of the su___.

Fruit and vegetable production includes only the products reported by ea___ c___. A separate breakdown of the different types of fruits and vegetables is possible fo___ so___ countries.

Livestock hs: In all countries of En Europe, he hs of livestock ae based on sample surveys made during he p. he survey is en by various statistical boards and includes statistical reports compiled fm sample surveys of collective, e f, and peasant family budgets.

In he Soviet Union, he hr of livestock in he socialized ector is determined fm an annual livestock s. In he private s, he number of livestock is determined fm a 10 to 15 percent sample.

Mt production: Mt production is reported in liveweight and as weight. Total production of at in hs of liveweight is he um of (1) he liveweight of all domestic animals slaughtered, and (2) he liveweight of animals exported fr slaughter.

Total production of at in hs of as weight generally fs to he total weight of slaughtered animals ar he removal of he hide, head, and offals.

In Bulgaria, he as weight of B, veal, and pork is referred to as meat weight, which excludes he head, f, tail, and edible offals. Fs ae included in the at weight fr b.

Hy as he tm " as weight" only fr b. This weight includes he skin, head, and legs, bt excludes he b, lungs, heart, liver, spleen, h, and lard.

In Poland, "car as weight" includes slaughter f.

He data fr Yugoslavia fr to dressed car as weight, which excludes he offals and ar f.

In he Soviet Union, " as weight" includes he weight of ft and offals.

Milk production: The total milk yield fs to milk fm c, b, sheep, buffaloes, and s. Ecept in Yugoslavia and he Soviet Union, ow's milk production includes ht quantity of milk sucked by calves.

Per Capita Food Consumption

Except for Bulgaria, per capita grain consumption data, excluding rice, are shown as flour. Because of the variable definitions given to product composition, it is difficult to make valid country comparisons. This is particularly true for meat and meat products.

BIBLIOGRAPHY

Statisticheskiy Ezhegodnik Stran-Chlenov Soveta Ekonomicheskoy Vzaimolomoshchi, Moscow, 1971.

Albania:

Vjetari Statistikor i Republikes Popullore te Shqiperise, Tirana. (Annual.

Bulgaria:

Statisticheski Godishnik na Narodna Republika Bulgariya, Sofia. (Annual.)

Statistical Manual, Sofia. (Annual.)

Czechoslovakia:

Statisticka Rocenka CSSR, Prague. (Annual.)

East Germany:

Statistisches Jahrbuch der Deutschen Demokratischen Republik, Leipzig. (Annual.)

Hungary:

Statisztikai Evkonyv, Budapest. (Annual.)

Mezogazdasagi Statisztikai Zsebkonyv, Budapest. (Annual.)

Statistical Pocketbook, Budapest. (Annual.)

Poland:

Rocznik Statystyczny, Warsaw. (Annual.)

Rolniczy Rocznik Statystiyczny, Warsaw. 1945-65.

Concise Statistical Yearbook, Warsaw. (Annual.)

Romania:

Anuarul Statistic al Republicii Socialistite Romania, Bucharest. (Annual.

Dezvoltarea Agriculturii Republicii Populare Romane, Bucharest. (Annual.)

Romanian Statistical Pocketbook, Bucharest. (Annual.)

Yugoslavia:

Statisticki Godisnjak, SFRJ, Belgrade. (Annual.)

U.S.S.R.:

Narodnoe khozyaystvo SSSR, Moscow. (Annual.)

SSSR v tsifrakh, Moscow. (Annual.)

Sel'skoe khozyaystvo, Moscow. 1960 and 1971.

Zhivotnovodstvo SSSR, Moscow. 1959.

Posevnie ploshchadi SSSR, Vol. II, Moscow. 1957.

Promyshlennost SSSR, Moscow. 1964.

Strana sovetov za 50 let, Moscow. 1967.

Table 1.--Albania: Land utilization, prewar and 1950-70

Year	Total area	Agricultural land: Total agri-cultural	Arable land: Total arable	Arable land: Cultivated land	Arable land: Orchards and gardens 1/	Arable land: Vineyards	Permanent meadow	Permanent pasture	Forest area	Other 2/
	1,000 hectares									
1938......	2,875	1,180	293	276	12	4	39	849	1,308	387
1950......	2,875	1,207	391	374	15	3	32	784	1,282	386
1951......	n.a.	n.a.	n.a.	n.a.	n.a.	n.a.	n.a.	n.a.	n.a.	n.a.
1952......	n.a.	n.a.	n.a.	n.a.	n.a.	n.a.	n.a.	n.a.	n.a.	n.a.
1953......	n.a.	n.a.	n.a.	n.a.	n.a.	n.a.	n.a.	n.a.	n.a.	n.a.
1954......	n.a.	n.a.	n.a.	n.a.	n.a.	n.a.	n.a.	n.a.	n.a.	n.a.
1955......	2,875	1,212	406	381	23	3	31	775	1,281	382
1956......	2,875	1,245	419	393	24	3	28	798	1,358	272
1957......	2,875	1,275	432	405	24	3	26	818	1,329	271
1958......	2,875	1,283	449	420	25	4	23	810	1,323	269
1959......	2,875	1,247	470	435	28	7	20	756	1,295	334
1960......	2,875	1,226	466	425	33	9	19	740	1,275	374

Table 2.--Bulgaria: Land utilization, prewar and 1950-70

| Year | Total area | Agricultural land | | | | | | | Forest area | Other 3/ |
| | | Total agri-cultural 1/ | Arable land | | | | Permanent meadow | Permanent pasture | | |
			Total arable 2/	Cultivated land	Orchards	Vineyards				
					1,000 hectares					
1939......:	11,091	5,718	4,495	4,297	59	137	294	930	n.a.	n.a.
1950......:	11,091	5,721	4,564	4,344	70	149	296	862	n.a.	n.a.
1951......:	11,091	5,673	4,559	4,338	72	147	276	838	n.a.	n.a.
1952......:	11,091	5,649	4,546	4,318	78	146	259	843	4,032	1,410
1953......:	11,091	5,641	4,542	4,301	88	147	245	854	4,012	1,438
1954......:	11,091	5,645	4,556	4,297	102	152	244	845	3,666	1,781
1955......:	11,091	5,592	4,545	4,286	106	149	242	804	3,671	1,829
1956......:	11,091	5,598	4,549	4,282	114	149	238	811	3,672	1,822
1957......:	11,091	5,543	4,531	4,243	122	162	238	774	3,704	1,844
1958......:	11,091	5,509	4,516	4,209	128	171	238	755	3,741	1,841
1959......:	11,091	5,623	4,623	4,308	131	180	247	752	3,627	1,835
1960......:	11,091	5,672	4,624	4,279	145	187	257	791	3,635	1,784
1961......:	11,091	5,675	4,619	4,251	161	188	262	794	3,672	1,744
1962......:	11,091	5,685	4,539	4,154	176	191	257	890	3,599	1,807
1963......:	11,091	5,693	4,531	4,138	183	193	260	902	3,616	1,782
1964......:	11,091	5,772	4,575	4,180	186	194	258	939	3,608	1,711
1965......:	11,091	5,793	4,563	4,167	186	196	257	973	3,612	1,686
1966......:	11,091	5,802	4,549	4,166	184	199	258	980	3,617	1,672
1967......:	11,091	5,863	4,534	4,146	181	207	257	1,052	3,639	1,589
1968......:	11,091	5,881	4,558	4,154	201	203	249	1,074	3,652	1,558
1969......:	11,091	6,022	4,555	4,158	196	201	244	1,222	3,675	1,394
1970......:	11,091	6,010	4,528	4,142	191	195	245	1,238	3,709	1,372

1/ Individual items do not always add to total because of rounding. 2/ Total includes small amount of non-identifiable arable area, varying from 1,000 to 19,000 hectares. 3/ Other includes water bodies, built-up area, wasteland, reeds, and not otherwise identified.
n.a. = Not available.

Table 3.--Czechoslovakia: Land utilization, prewar and 1950-70

Year	Total area	Agricultural land							Forest area	Other 2/
		Total agri-cultural	Arable land				Permanent meadow	Permanent pasture		
			Total arable	Cultivated land	Orchards and gardens 1/	Vineyards				
	1,000 hectares									
1934-38...	12,781	7,756	5,737	5,602	115	20	1,124	895	3,999	1,026
1950......	12,786	7,506	5,411	5,096	296	19	1,122	973	4,218	1,062
1951......	12,786	7,474	5,412	5,100	293	19	1,110	952	4,244	1,068
1952......	12,786	7,455	5,430	5,097	315	18	1,098	927	4,249	1,082
1953......	12,786	7,215	5,261	5,007	236	18	1,068	886	4,169	1,402
1954......	12,786	7,294	5,359	5,095	245	19	1,093	842	4,311	1,181
1955......	12,786	7,414	5,458	5,156	279	23	1,110	856	4,306	1,066
1956......	12,786	7,377	5,409	5,119	268	22	1,099	869	4,329	1,080
1957......	12,786	7,336	5,392	5,119	251	22	1,083	861	4,348	1,102
1958......	12,786	7,389	5,448	5,153	271	24	1,108	833	4,342	1,055
1959......	12,787	7,362	5,438	5,143	260	24	1,091	833	4,359	1,065
1960......	12,787	7,327	5,427	5,131	272	24	1,079	821	4,372	1,087
1961......	12,787	7,296	5,419	5,120	275	24	1,068	809	n.a.	n.a.
1962......	12,787	7,237	5,412	5,109	278	25	1,040	785	4,420	1,130
1963......	12,787	7,213	5,413	5,107	280	26	1,021	779	4,437	1,137
1964......	12,787	7,188	5,401	5,089	285	27	1,002	785	4,439	1,160
1965......	12,787	7,160	5,387	5,072	287	28	992	781	4,445	1,182
1966......	12,787	7,144	5,372	5,054	289	29	788	984	4,450	1,193
1967......	12,788	7,132	5,362	5,039	294	29	790	980	4,453	1,203
1968......	12,788	7,117	5,352	5,025	296	31	789	976	4,455	1,216
1969......	12,788	7,103	5,351	5,011	308	32	790	971	4,456	1,229
1970......	12,788	7,093	5,334	4,998	302	34	793	966	4,455	1,240

1/ Derived figure.
2/ Other includes water bodies, built-up area, wasteland, reeds, and not otherwise identified.

n.a. = Not available.

Table 4.--East Germany: Land utilization, prewar and 1950-70

Year	Total area	Agricultural land								Forest area	Other 1/
		Total agri- cultural	Arable land				:Permanent: meadow	Permanent pasture			
			Total arable	:Cultivated: land	:Orchards and: gardens	Vineyards:					
						- - 1,000 hectares - -					
1938......:	10,780	6,656	5,293	5,093	199	2/	971	391	2,946	1,178
1950......:	10,755	6,528	5,235	5,017	218	2/	894	397	2,899	1,328
1951......:	10,804	6,548	5,261	5,037	224	2/	890	395	2,938	1,317
1952......:	10,832	6,526	5,255	5,030	225	2/	882	386	2,988	1,317
1953......:	10,792	6,511	5,253	5,028	225	2/	875	381	2,958	1,323
1954......:	10,806	6,497	5,235	5,009	226	2/	874	386	2,958	1,351
1955......:	10,800	6,482	5,218	4,992	226	2/	872	390	2,942	1,376
1956......:	10,803	6,480	5,209	4,980	229	2/	875	393	2,940	1,383
1957......:	10,798	6,465	5,181	4,950	231	2/	878	404	2,935	1,398
1958......:	10,814	6,448	5,148	4,921	227	2/	876	421	2,931	1,435
1959......:	10,827	6,430	5,089	4,880	209	2/	880	458	2,954	1,443
1960......:	10,827	6,437	5,067	4,853	214	2/	893	477	2,955	1,432
1961......:	10,829	6,429	5,040	4,825	215	2/	895	494	2,957	1,441
1962......:	10,829	6,409	4,999	4,783	216	2/	892	515	2,954	1,466
1963......:	10,830	6,392	4,972	4,753	219	2/	886	534	2,953	1,482
1964......:	10,830	6,384	4,963	4,743	220	2/	882	539	2,950	1,494
1965......:	10,830	6,374	4,939	4,719	220	2/	874	560	2,950	1,504
1966......:	10,830	6,363	4,924	4,704	220	2/	868	571	2,949	1,515
1967......:	10,830	6,351	4,910	4,690	220	2/	858	581	2,947	1,530
1968......:	10,830	6,337	n.a.	4,660	n.a.	n.a.	n.a.	n.a.	2,948	1,543
1969......:	10,830	6,302	n.a.	4,636	n.a.	n.a.	n.a.	n.a.	2,947	n.a.
1970......:	10,831	6,286	n.a.	4,618	n.a.	n.a.	n.a.	n.a.	2,948	n.a.

1/ Other includes water bodies, built-up area, wasteland, and not otherwise identified.
2/ Less than 0.5.

Table 5.--Hungary: Land utilization, prewar and 1950-70

Year	Total area	Agricultural land							Forest area	Other 1/
		Total agri-cultural	Arable land				Permanent meadow	Permanent pasture		
			Total arable	Cultivated land	Orchards and gardens	Vineyards				
	1,000 hectares									
1935......:	9,300	7,566	5,922	5,601	114	207	661	983	1,099	635
1950......:	9,299	7,376	5,901	5,518	153	230	610	865	1,166	757
1951......:	9,299	7,348	5,893	5,519	146	228	568	887	1,165	786
1952......:	9,299	7,338	5,896	5,528	143	225	558	884	1,173	789
1953......:	9,303	7,277	5,856	5,493	147	216	558	863	1,249	777
1954......:	9,303	7,277	5,836	5,467	153	216	564	877	1,249	777
1955......:	9,303	7,246	5,775	5,403	170	202	559	912	1,257	800
1956......:	9,303	7,214	5,764	5,395	173	196	509	941	1,263	826
1957......:	9,303	7,201	5,761	5,389	176	196	509	932	1,272	830
1958......:	9,303	7,196	5,755	5,378	178	199	506	935	1,272	835
1959......:	9,303	7,186	5,752	5,370	181	201	502	932	1,278	839
1960......:	9,303	7,141	5,703	5,310	189	204	495	943	1,306	856
1961......:	9,303	7,084	5,624	5,208	212	204	483	977	1,334	885
1962......:	9,303	7,013	5,622	5,135	268	219	453	938	1,368	922
1963......:	9,303	6,985	5,625	5,106	290	229	441	918	1,389	929
1964......:	9,303	6,980	5,639	5,086	310	243	430	911	1,401	923
1965......:	9,303	6,954	5,650	5,084	319	247	419	885	1,422	927
1966......:	9,303	6,927	5,642	5,077	320	245	414	871	1,442	934
1967......:	9,303	6,913	5,626	5,066	320	240	413	874	1,451	939
1968......:	9,303	6,903	5,613	5,058	319	236	412	878	1,455	945
1969......:	9,303	6,888	5,604	5,053	318	233	409	875	1,463	952
1970......:	9,303	6,875	5,594	5,046	318	230	406	876	1,471	957

1/ Other includes water bodies, built-up area, wasteland, reeds, and not otherwise identified.

Table 6.--Poland: Land utilization, 1/ prewar and 1950-70

Year	Total area	Agricultural land							Forest area	Other 2/
		Total agri-cultural	Arable land				Permanent meadow	Permanent pasture		
			Total arable	Cultivated land	Orchards	Vineyards				
					1,000 hectares					
1938......:	31,173	20,840	16,776	16,433	3/343	0	2,402	1,662	6,795	3,538
1950......:	31,173	20,440	n.a.	n.a.	n.a.	0	n.a.	n.a.	6,915	3,818
1951......:	31,173	20,415	n.a.	n.a.	n.a.	0	n.a.	n.a.	7,010	3,748
1952......:	31,173	20,415	n.a.	n.a.	n.a.	0	n.a.	n.a.	7,164	3,594
1953......:	31,173	20,403	16,223	15,914	309	0	2,390	1,790	7,266	3,504
1954......:	31,173	20,403	n.a.	n.a.	n.a.	0	n.a.	n.a.	7,378	3,392
1955......:	31,173	20,403	16,223	15,901	3/322	0	2,390	1,790	7,399	3,372
1956......:	31,173	20,403	16,224	15,995	229	0	2,390	1,790	7,408	3,362
1957......:	31,173	20,403	16,223	15,995	228	0	2,390	1,790	7,462	3,308
1958......:	31,173	20,403	16,223	15,984	239	0	2,390	1,790	7,507	3,263
1959......:	31,173	20,403	16,223	15,973	250	0	2,390	1,790	7,583	3,188
1960......:	31,173	20,403	16,223	15,961	262	0	2,390	1,790	7,651	3,119
1961......:	31,173	20,321	16,176	15,944	232	0	2,364	1,782	7,750	3,101
1962......:	31,173	20,262	16,068	15,829	239	0	2,392	1,802	7,786	3,125
1963......:	31,173	20,184	15,971	15,733	238	0	2,406	1,807	7,862	3,127
1964......:	31,173	20,130	15,943	15,705	23	0	2,392	1,796	7,954	3,088
1965......:	31,268	19,637	15,425	15,196	229	0	2,539	1,673	8,060	3,476
1966......:	31,268	19,622	15,404	15,175	229	0	2,540	1,680	8,140	3,506
1967......:	31,268	19,604	15,381	15,154	227	0	2,541	1,682	8,209	3,455
1968......:	31,268	19,580	15,357	15,130	227	0	2,542	1,680	8,304	3,384
1969......:	31,268	19,557	15,332	15,103	229	0	2,545	1,680	8,545	3,166
1970......:	31,268	19,543	15,326	15,088	238	0	2,523	1,695	8,546	3,179

1/ Individual items do not always add to total because of rounding. 2/ Other includes water bodies, built-up area, wasteland, reeds, and not otherwise identified. 3/ Includes gardens.

n.a. = Not available.

13

Table 7.--Romania: Land utilization,[1] prewar and 1950-70

Year	Total area	Agricultural land							Forest area	Other 2/
		Total agri-cultural	Arable land				Permanent meadow	Permanent pasture		
			Total arable	Cultivated land	Orchards and gardens	Vineyards				
	1,000 hectares									
1938......	23,750	15,006	10,589	10,093	247	249	1,714	2,703	6,476	2,268
1950......	23,750	14,324	9,789	9,378	184	227	1,682	2,852	6,446	2,980
1951......	23,750	14,297	9,785	9,376	182	227	1,658	2,854	6,453	3,001
1952......	23,750	14,321	9,874	9,471	176	227	1,593	2,854	6,453	2,976
1953......	23,750	14,171	9,851	9,466	160	225	1,516	2,804	6,439	3,140
1954......	23,750	14,145	9,968	9,578	167	223	1,474	2,703	6,460	3,145
1955......	23,750	14,112	10,058	9,662	167	229	1,361	2,693	6,483	3,155
1956......	23,750	14,168	10,092	9,680	173	239	1,365	2,710	6,487	3,096
1957......	23,750	14,281	10,125	9,701	176	248	1,380	2,776	6,438	3,031
1958......	23,750	14,423	10,196	9,752	180	264	1,404	2,823	6,433	2,894
1959......	23,750	14,546	10,328	9,840	194	294	1,384	2,834	6,405	2,800
1960......	23,750	14,547	10,346	9,821	214	311	1,387	2,814	6,403	2,800
1961......	23,750	14,600	10,393	9,853	234	306	1,390	2,818	6,413	2,736
1962......	23,750	14,688	10,490	9,921	268	301	1,395	2,802	6,397	2,665
1963......	23,750	14,724	10,474	9,852	319	303	1,380	2,869	6,396	2,631
1964......	23,750	14,742	10,496	9,827	356	313	1,358	2,888	6,387	2,621
1965......	23,750	14,791	10,475	9,814	349	312	1,371	2,945	6,378	2,580
1966......	23,750	14,834	10,502	9,797	379	326	1,365	2,968	6,371	2,545
1967......	23,750	14,839	10,527	9,800	393	334	1,363	2,949	6,329	2,583
1968......	23,750	14,972	10,561	9,798	420	343	1,420	2,992	6,318	2,459
1969......	23,750	14,968	10,544	9,771	426	347	1,419	3,005	6,316	2,466
1970......	23,750	14,930	10,512	9,733	432	347	1,416	3,002	6,315	2,505

1/ Individual items do not always add to total because of rounding.
2/ Other includes water bodies, built-up area, wasteland, reeds, and not otherwise identified.

Table 8.--Yugoslavia: Land utilization,[1] prewar and 1950-70

Year	Total area	Agricultural land							Forest area	Other 3/
		Total agri-cultural	Arable land				Permanent meadow	Permanent pasture		
			Total arable	Cultivated: land 2/	Orchards	Vineyards				
	1,000 hectares									
1938......:	25,580	14,437	8,219	7,703	297	219	1,841	4,377	7,514	3,629
1950......:	25,580	13,830	7,839	7,234	348	257	1,998	3,993	n.a.	n.a.
1951......:	25,580	13,936	7,792	7,172	362	258	2,002	4,142	n.a.	n.a.
1952......:	25,580	13,951	7,820	7,194	365	261	2,001	4,130	n.a.	n.a.
1953......:	25,580	14,288	7,944	7,301	376	267	1,894	4,450	7,895	n.a.
1954......:	25,580	14,533	8,077	7,419	384	274	1,905	4,551	n.a.	n.a.
1955......:	25,580	14,753	8,192	7,520	392	280	1,910	4,651	n.a.	n.a.
1956......:	25,580	14,933	8,263	7,600	390	273	1,940	4,730	n.a.	n.a.
1957......:	25,580	14,920	8,290	7,630	389	271	1,920	4,710	n.a.	n.a.
1958......:	25,580	14,967	8,327	7,650	402	275	1,920	4,720	8,831	1,782
1959......:	25,580	14,955	8,345	7,660	408	277	1,900	4,710	n.a.	n.a.
1960......:	25,580	14,923	8,353	7,670	410	273	1,900	4,670	8,831	1,826
1961......:	25,580	14,951	8,381	7,690	419	272	1,950	4,620	8,688	1,941
1962......:	25,580	14,863	8,363	7,670	423	270	1,940	4,560	8,722	1,995
1963......:	25,580	14,763	8,353	7,660	427	266	1,940	4,470	8,702	2,115
1964......:	25,580	14,773	8,343	7,650	430	263	1,920	4,510	8,688	2,119
1965......:	25,580	14,756	8,306	7,610	435	261	1,950	4,500	8,688	2,136
1966......:	25,580	14,716	8,266	7,570	437	259	1,940	4,510	8,812	2,052
1967......:	25,580	14,687	8,267	7,570	440	257	1,930	4,490	8,835	2,058
1968......:	25,580	14,666	8,246	7,550	440	256	1,940	4,480	8,851	2,063
1969......:	25,580	14,639	8,237	7,539	442	256	1,928	4,474	8,867	2,074
1970......:	25,580	14,626	8,205	7,497	454	254	1,948	4,473	8,889	2,065

1/ Individual items do not always add to total because of rounding. 2/ Includes gardens. 3/ Other includes water bodies, built-up area, wasteland, reeds, and not otherwise identified.

n.a. = Not available.

	Million hectares								
1940	n.a.	n.a.	n.a.	n.a.	1.8	.4	n.a.	n.a.	n.a.
1950	n.a.	n.a.	n.a.	n.a.	1.4	.3	n.a.	n.a.	n.a.
1951	n.a.	n.a.	n.a.	n.a.	n.a.	n.a.	. .	n.a.	n.a.
1952	n.a.	n.a.	n.a.	n.a.	n.a.	n.a.	. .	n.a.	n.a.
1953	n.a.	n.a.	n.a.	n.a.	1.7	.4	. .	n.a.	n.a.
1954	2,228.7	647.8	n.a.	206.8	n.a.	n.a.	. .	n.a.	n.a.
1955	2,231.7	n.a.	219.0	216.8	1.7	.5	[illegible]7.4	254.4	764.3
1956	n.a.	n.a.	n.a.	n.a.	2.1	.5	. .	n.a.	n.a.
1957	n.a.	n.a.	n.a.	n.a.	2.3	.6	. .	n.a.	n.a.
1958	2,233.	609.1	223.4	220.2	2.4	.8	. .	n.a.	722.3
1959	2,233.	608.9	224.4	220.8	2.7	.9	. .	270.2	722.3
1960	2,233.3	608.7	226.1	222.2	2.9	1.0	n.a.	n.a.	n.a.
1961	2,227.2	609.	228.5	224.4	3.1	1.0	n.a.	n.a.	n.a.
1962	2,227.2	609.	229.8	225.5	3.3	1.0	n.a.	n.a.	n.a.
1963	2,227.2	609.	230.2	225.8	3.4	1.0	n.a.	n.a.	n.a.
1964	2,227.2	609.	229.4	224.8	3.5	1.1	50.2	322.0	n.a.
1965	2,227.2	609.[illegible]	229.6	224.9	3.6	1.1	49.5	323.2	n.a.

Table 10.--Number of state farms,[1]/1950-70

Year	Eastern Europe									U.S.S.R.	U.S.S.R. and Eastern Europe
	Albania	Bulgaria	Czecho-slovakia	East Germany	Hungary	Poland	Romania	Yugo-slavia	Total		
Prewar......:	2/	2/	2/	2/	2/	2/	2/	2/		3/4,159	
1950........:	n.a.	90	n.a.	559	n.a.	5,679	363	858		4,988	
1951........:	n.a.	101	n.a.	590	n.a.	5,883	331	n.a.		n.a.	
1952........:	n.a.	100	n.a.	614	454	5,588	301	737		4,742	
1953........:	n.a.	107	n.a.	562	469	6,137	269	666		4,857	
1954........:	n.a.	108	n.a.	557	494	6,157	266	n.a.		4,874	
1955........:	n.a.	49	n.a.	540	472	6,630	265	848		5,134	
1956........:	n.a.	49	182	555	466	6,990	323	914		5,098	
1957........:	n.a.	49	163	577	435	6,520	377	776		5,905	
1958........:	n.a.	54	164	700	417	6,062	487	713		6,002	
1959........:	n.a.	58	166	688	351	5,840	525	557		6,496	
1960........:	n.a.	67	4/365	669	333	5,734	560	475		7,375	
1961........:	n.a.	68	364	616	271	6,047	587	469		8,281	
1962........:	n.a.	70	n.a.	609	217	6,457	597	409		8,570	
1963........:	n.a.	85	294	594	217	6,294	637	348		9,176	
1964........:	n.a.	92	314	601	216	6,229	683	296		10,078	
1965........:	n.a.	104	329	572	214	6,515	721	282		11,681	
1966........:	n.a.	151	346	564	215	6,387	731	278		12,189	
1967........:	n.a.	151	344	548	210	6,187	343	287		12,783	
1968........:	n.a.	152	343	544	208	5,792	352	272		13,398	
1969........:	n.a.	159	343	527	192	6,110	359	271		14,310	
1970........:	n.a.	156	336	511	180	5,374	370	270		14,994	

1/ State farms subordinate to Ministry of Agriculture. 2/ Not applicable to prewar period. 3/ 1940. 4/ Increase due to reorganization of state farms - July 1, 1960.

n.a. = Not available.

Table 11.--Number of collective farms, 1950-70

Year	Eastern Europe: Albania	Bulgaria 1/	Czechoslovakia 2/	East Germany 3/	Hungary 4/	Poland 5/	Romania 6/	Yugoslavia 7/	Total	U.S.S.R. 8/	U.S.S.R. and Eastern Europe
Prewar	9/	9/	9/	9/	9/	9/	9/	9/		10/236,945	
1950	n.a.	2,501	n.a.	n.a.	2,185	635	11/1,027	15,605		123,747	
1951	n.a.	2,739	3,138	n.a.	4,625	2,707	11/1,089	14,839		n.a.	
1952	n.a.	2,747	5,848	1,906	5,110	3,034	3,629	14,769		12/97,000	
1953	n.a.	2,744	6,679	4,691	4,536	6,228	4,023	12,086		93,256	
1954	n.a.	2,723	6,502	5,120	4,381	8,109	4,903	8,621		12/89,000	
1955	n.a.	2,735	6,795	6,047	4,816	9,076	6,623	7,774		12/87,500	
1956	n.a.	3,100	8,016	6,281	2,089	13/1,534	10,710	7,124		84,776	
1957	n.a.	3,202	11,090	6,691	3,394	1,527	14,608	5,979		78,168	
1958	n.a.	3,290	12,140	9,637	3,507	1,528	15,776	5,663		69,129	
1959	n.a.	14/972	12,560	10,132	15/4,061	1,703	15,310	5,049		54,596	
1960	n.a.	932	10,816	19,313	15/4,265	1,668	13,685	4,233		44,944	
1961	n.a.	955	8,784	17,906	15/4,205	1,534	13,101	3,355		41,314	
1962	n.a.	1,023	7,912	16,624	15/3,720	1,342	6,715	2,882		40,504	
1963	n.a.	981	7,620	16,330	15/3,612	1,295	6,120	2,477		39,495	
1964	n.a.	945	7,135	15,861	15/3,417	1,246	4,990	2,112		38,298	
1965	n.a.	920	6,704	15,139	15/3,278	1,229	4,801	1,946		36,917	
1966	n.a.	867	6,463	14,216	15/3,187	1,197	4,799	1,722		37,108	
1967	n.a.	866	6,395	13,073	15/3,033	1,130	16/4,678	1,600		36,784	
1968	n.a.	851	6,328	11,513	15/2,840	1,100	16/4,673	1,403		36,172	
1969	n.a.	795	6,327	9,836	15/2,676	1,082	16/4,655	1,278		34,703	
1970	n.a.	744	6,270	9,009	15/2,441	1,071	16/4,626	1,102		33,561	

1/ TKZS's only. 2/ JZD's - Types III and IV only. 3/ LPG's only. 4/ Total producers cooperatives. 5/ Income distributing cooperatives - those which have distributed their income obtained from collective farming in the given year. 6/ CAP's and agricultural organizations. 7/ OZZ's and SRZ's only. 8/ Includes fisheries and producers collective farms. 9/ Not applicable to prewar period. 10/ 1940. 11/ Agricultural producers cooperatives only. 12/ Rounded. 13/ Decrease due to reorganization stressing private farming. 14/ Drop in numbers due to merging of farms. 15/ Excludes cooperative groups. 16/ CAP's only.

n.a. = Not available.

Table 12.--Average size of state farms, 1950-70

Year	Eastern Europe									U.S.S.R.	U.S.S.R. and Eastern Europe
	Albania	Bulgaria 1/	Czecho-slovakia 1/	East Germany 1/	Hungary 1/	Poland 1/	Romania 1/	Yugo-slavia 1/	Total		
	Hectares										
Prewar......	2/	2/	2/	2/	2/	2/	2/	2/		3/12,200	
1950........	n.a.	771	n.a.	317.4	n.a.	248	2,075	435		14,900	
1951........	n.a.	929	n.a.	326.4	n.a.	413	2,548	n.a.		n.a.	
1952........	n.a.	1,195	n.a.	378.0	1,476	465	2,855	n.a.		15,500	
1953........	n.a.	1,367	n.a.	441.1	2,057	429	3,213	649		13,100	
1954........	n.a.	1,552	n.a.	502.9	1,976	434	3,297	n.a.		15,900	
1955........	n.a.	3,876	n.a.	525.0	2,053	336	3,327	679		14,900	
1956........	n.a.	3,924	495	516.0	2,077	n.a.	3,029	641		15,900	
1957........	n.a.	3,971	578	514.0	2,280	n.a.	3,100	820		23,400	
1958........	n.a.	3,466	601	533.5	2,398	n.a.	2,727	898		24,900	
1959........	n.a.	3,936	642	565.0	2,877	n.a.	3,110	574		23,500	
1960........	n.a.	5,625	310	591.4	2,914	383	3,072	627		26,200	
1961........	n.a.	5,686	337	650.0	3,746	n.a.	2,970	740		28,300	
1962........	n.a.	5,577	n.a.	679.4	4,868	n.a.	2,964	787		28,300	
1963........	n.a.	5,665	389	663.4	4,842	n.a.	3,022	940		28,200	
1964........	n.a.	5,698	442	701.8	4,730	n.a.	2,959	1,016		27,200	
1965........	n.a.	5,337	4,453	743.3	4,762	374	2,881	1,063		24,600	
1966........	n.a.	5,470	4,266	753.3	4,737	386	2,842	1,144		23,700	
1967........	n.a.	5,583	4,282	782.3	4,827	392	4/6,099	1,172		22,800	
1968........	n.a.	5,559	4,274	797.5	4,828	420	6,006	1,200		21,900	
1969........	n.a.	5,880	4,195	823.6	5,231	415	5,883	1,273		21,400	
1970........	n.a.	6,000	4,265	866.2	5,548	457	5,645	1,321		20,800	

1/ Average size of state farms calculated from official data of agricultural land held by farms subordinate to Ministry of Agriculture. 2/ Not applicable to prewar period. 3/ 1940. 4/ Large increase is due to reorganization.

n.a. = Not available.

Table 13.--Average size of collective farms,[1][2]/1950-70

Year	Eastern Europe									:U.S.S.R.: [5]	U.S.S.R. and Eastern Europe
	Albania	Bulgaria	Czecho-slovakia	East Germany [3]	Hungary	Poland	Romania	Yugo-slavia [4]	Total		
					Hectares						
Prewar......:	[6]	[6]	[6]	[6]	[6]	[6]	[6]	[6]		[7]/1,429	
1950........:	n.a.	232	n.a.	n.a.	203	300	[8]/281	128		3,061	
1951........:	n.a.	865	341	n.a.	216	253	[8]/277	163		n.a.	
1952........:	n.a.	853	372	114	294	249	248	158		4,031	
1953........:	n.a.	875	325	161	252	222	258	151		4,211	
1954........:	n.a.	874	293	182	247	211	241	53		4,456	
1955........:	418	872	286	211	273	206	196	55		4,437	
1956........:	n.a.	1,024	279	239	286	170	171	54		4,534	
1957........:	n.a.	1,059	314	244	242	138	247	70		4,125	
1958........:	n.a.	1,292	357	248	273	131	281	82		4,501	
1959........:	n.a.	4,780	382	276	[9]/445	131	419	114		5,538	
1960........:	569	4,865	453	281	[9]/857	137	559	173		6,446	
1961........:	627	4,820	545	304	[9]/1,081	148	613	223		6,197	
1962........:	686	4,592	589	329	[9]/1,247	161	1,417	275		6,234	
1963........:	720	4,614	597	334	[9]/1,296	167	1,543	356		6,067	
1964........:	812	4,691	612	344	[9]/1,371	176	1,817	438		5,984	
1965........:	998	4,745	638	360	[9]/1,450	183	1,886	464		6,100	
1966........:	1,138	4,668	661	383	[9]/1,521	195	1,885	517		6,000	
1967........:	886	4,718	668	416	1,602	214	1,934	520		6,000	
1968........:	n.a.	4,785	673	470	1,709	229	1,948	543		6,100	
1969........:	n.a.	5,148	672	550	1,808	242	1,954	538		6,000	
1970........:	n.a.	5,496	677	598	1,985	256	1,958	561		6,100	

Table 14.--Percentage of agricult

Year	Albania	Bulgaria	Czecho- slovakia	East German					
						Percent			
Prewar..									
1950........:	n.a.	11.4	27.1	5.7	30.6	10.4	23.6	31.6	98.5
1951........:	n.a.	43.5	30.8	6.0	40.6	15.1	24.7	34.4	99.9
1952........:	n.a.	64.8	45.7	6.7	47.8	16.1	29.0	35.1	99.9
1953........:	n·a·	67.2	42.5	26.0	54.9	19.6	33.0	34.3	99.9
1954........:	n.a.	67.3	41.4	24.5	48.9	21.3	34.1	25.9	99.9
1955........:	n.a.	68.5	41.9	27.3	48.7	22.7	34.7	26.2	99.9
1956........:	n.a.	84.1	47.2	30.4	52.6	23.4	38.0	27.2	99.9
1957........:	n·a·	87.6	64.6	32.7	45.8	14.6	51.0	n.a.	99.9
1958........:	n.a.	95.2	76.8	37.8	46.3	13.8	57.1	23.2	99.9
1959........:	n.a.	98.7	84.5	48.2	62.1	13.2	72.7	n.a.	99.9
1960........:	n.a.	99.0	87.2	92.4	79.2	13.1	81.9	24.1	99.9
1961........:	n.a.	99.1	87.7	92.7	90.1	13.7	84.5	26.0	99.9
1962........:	n.a.	99.2	88.3	93.3	93.0	14.0	94.0	26.3	99.9
1963........:	n.a.	99.5	89.1	93.6	93.4	14.3	94.1	27.0	99.9
1964........:	n.a.	99.5	89.1	93.7	93.6	14.6	91.8	28.1	99.9
1965........:	n.a.	99.5	89.3	93.9	94.5	15.0	91.4	29.2	99.9
1966........:	n.a.	99.6	90.0	94.0	94.4	15.1	91.2	29.6	99.9
1967........:	n.a.	99.6	90.1	94.1	94.4	14.7	91.2	29.8	99.9
1968........:	n.a.	n.a.	90.1	94.1	94.5	15.0	90.8	30.1	99.9
1969........:	n.a.	n.a.	90.0	93.4	94.1	15.7	90.8	31.6	99.9
1970........:	n.a.	n.a.	90.0	93.5	94.3	16.1	90.8	30.1	99.9

1/ Includes private plots.

n.a. = Not available.

Table 15.--Population at mid-year, prewar and 1950-70

Year	Eastern Europe									U.S.S.R.	U.S.S.R. and Eastern Europe
	Albania	Bulgaria	Czecho-slovakia	East Germany	Hungary	Poland	Romania	Yugo-slavia	Total		
					Thousands						
Prewar....:	1/1,040	1/6,246	2/14,130	1/16,569	1/9,167	1/34,682	1/15,601	3/15,384	4/	5/194,100	4/
1950......:	6/1,219	7,250	12,389	18,388	9,338	24,824	16,311	16,346	106,065	7/180,000	286,065
1951......:	1,242	7,258	12,532	18,351	9,423	25,271	16,464	16,588	107,129	7/183,200	290,329
1952......:	1,270	7,275	12,683	18,328	9,504	25,753	16,630	16,798	108,241	7/186,400	294,641
1953......:	1,302	7,346	12,820	18,178	9,595	26,255	16,847	17,048	109,391	7/189,500	298,891
1954......:	1,340	7,423	12,952	18,059	9,706	26,761	17,040	17,284	110,565	7/192,700	303,265
1955......:	8/1,391	7,499	13,093	17,944	9,825	27,281	17,325	17,519	111,877	7/196,200	308,077
1956......:	1,420	7,576	13,229	17,716	9,911	27,815	17,583	17,685	112,935	7/199,600	312,535
1957......:	1,462	7,651	13,358	17,517	9,840	28,310	17,829	17,859	113,826	7/203,200	317,026
1958......:	1,507	7,728	13,474	17,355	9,882	28,770	18,056	18,018	114,790	7/206,800	321,590
1959......:	1,556	7,798	13,565	17,298	9,937	29,240	18,226	18,214	115,834	7/210,600	326,434
1960......:	8/1,626	7,867	13,654	17,241	9,984	29,561	18,403	18,402	116,738	7/214,400	331,138
1961......:	1,660	7,943	13,780	17,125	10,028	29,965	18,567	18,607	117,675	218,000	335,675
1962......:	1,711	8,013	13,860	17,102	10,061	30,324	18,681	18,837	118,589	221,500	340,089
1963......:	1,762	8,078	13,952	17,155	10,088	30,691	18,813	19,065	119,604	224,800	344,404
1964......:	1,814	8,144	14,058	16,992	10,120	31,161	18,927	19,279	120,495	227,800	348,295
1965......:	1,865	8,201	14,159	17,028	10,148	31,496	19,027	19,507	121,431	230,500	351,931
1966......:	1,914	8,258	14,240	17,066	10,179	31,698	19,105	19,735	122,195	233,200	355,395
1967......:	1,965	8,310	14,305	17,082	10,217	31,944	19,285	19,949	123,057	235,500	358,557
1968......:	2,019	8,370	14,362	17,084	10,256	32,305	19,721	20,154	124,271	237,827	362,098
1969......:	2,080	8,434	14,421	17,076	10,292	32,555	20,010	20,351	125,219	240,600	125,219
1970......:	n.a.	8,490	14,471	17,058	10,308	32,473	20,252	20,527	n.a.	242,800	n.a.

1/ 1938. 2/ 1930-34 average. 3/ 1938 boundary. 4/ Prewar data not added because of different base years.
5/ January 1, 1940. 6/ September. 7/ Computed from January 1 figures. 8/ October. 9/ Excludes Albania.

n.a. = Not available.

Table 16.--Tractors in 15 h.p. units, prewar and 1950-70
(End of year)

Year	Eastern Europe									:U.S.S.R.:	U.S.S.R. and Eastern Europe 2/
	:Albania	Bulgaria	Czecho- slovakia	East Germany	Hungary	Poland	Romania	Yugo- slavia 1/	Total 2/		
							Thousands				
Prewar......:	3/4/	n.a.	n.a.	n.a.	n.a.	n.a.	3/4.9	n.a.		5/684	
1950........:	4/	8.7	n.a.	n.a.	12.7	25.5	16.7	6.3		933	
1951........:	4/	11.3	26.0	n.a.	13.0	32.5	19.9	n.a.		n.a.	
1952........:	4/	12.3	28.6	n.a.	13.4	40.4	21.7	n.a.		n.a.	
1953........:	6/.6	13.5	32.2	n.a.	14.3	46.2	23.3	n.a.		1,239	
1954........:	6/.8	16.3	36.3	n.a.	17.7	51.9	27.1	n.a.		n.a.	
1955........:	1.6	19.4	40.8	6/42.4	23.7	59.1	30.5	n.a.		1,449	
1956........:	1.6	24.3	46.6	6/44.8	26.2	64.4	32.3	14.7		1,542	
1957........:	2.1	27.2	52.6	7/46.9	26.7	69.4	37.9	20.5		1,635	
1958........:	2.9	27.8	61.9	7/57.2	27.6	72.7	45.1	26.5		1,750	
1959........:	3.7	34.4	74.3	7/63.4	36.4	71.8	51.7	31.7		1,899	
1960........:	4.5	40.3	94.3	88.0	47.9	77.2	65.3	35.8		1,985	
1961........:	5.0	44.2	115.6	114.6	52.7	88.7	77.3	38.0		2,171	
1962........:	6.2	48.4	137.6	126.0	61.1	101.9	86.0	40.4		2,400	
1963........:	7.0	54.6	161.6	139.0	71.8	116.5	100.9	43.3		2,612	
1964........:	7.6	61.7	164.5	149.0	83.8	129.5	120.3	45.4		2,821	
1965........:	7.6	66.4	179.5	156.9	91.5	146.1	133.0	45.4		3,032	
1966........:	n.a.	71.8	185.9	169.0	96.9	160.5	151.1	51.0		3,233	
1967........:	n.a.	75.6	195.0	179.0	98.2	183.4	155.7	47.0		3,484	
1968........:	n.a.	84.0	204.7	190.0	100.4	202.7	164.9	43.5		3,776	
1969........:	n.a.	90.3	204.1	n.a.	104.4	227.9	177.5	68.2		4,052	
1970........:	n.a.	93.7	213.0	n.a.	112.6	265.8	184.8	66.9		4,343	

1/ Total number of tractors. 2/ Not added because of different units. 3/ 1938. 4/ Less than 0.5. 5/ 1940.
6/ Machine Tractor Stations only. 7/ State farms and Machine Tractor Stations only.

n.a. = Not available.

Table 17.--Number of grain combines, prewar and 1950-70 [1]

Year	Eastern Europe									U.S.S.R.	U.S.S.R. and Eastern Europe [6]
	Albania [2]	Bulgaria	Czecho-slovakia [2]	East Germany [3]	Hungary	Poland [4]	Romania	Yugo-slavia [5]	Total [6]		
Prewar......:	n.a.	n.a.	n.a.	n.a.	n.a.	n.a.	n.a.	n.a.	n.a.	182,000	n.a.
1950........:	n.a.	13	n.a.	n.a.	25	84	118	n.a.	240	211,000	211,240
1951........:	3	563	392	127	160	n.a.	128	n.a.	1,373	n.a.	n.a.
1952........:	3	1,363	710	140	764	n.a.	421	n.a.	3,401	n.a.	n.a.
1953........:	13	1,563	1,113	475	1,657	n.a.	574	n. .	5,395	317,600	322,995
1954........:	26	2,097	1,826	1,154	2,274	n.a.	977	n.a.	8,354	n.a.	n.a.
1955........:	108	2,759	3,344	2,115	2,227	2,085	1,535	155	14,328	338,000	352,328
1956........:	114	3,517	4,304	3,269	2,269	3,138	1,790	435	18,836	375,000	393,836
1957........:	141	3,624	4,260	3,702	2,346	3,363	3,226	952	21,614	483,000	504,614
1958........:	216	4,566	5,027	4,078	2,324	3,780	9,045	1,334	30,370	501,700	532,070
1959........:	259	5,624	5,675	4,755	n.a.	3,322	12,385	3,092	35,112	494,000	529,112
1960........:	349	7,042	6,326	6,409	4,167	3,121	17,577	4,921	49,912	497,000	546,912
1961........:	374	7,569	8,872	9,180	4,698	3,413	23,427	6,642	64,175	498,100	562,275
1962........:	399	7,809	9,655	11,380	5,604	3,486	28,400	8,360	75,093	519,600	594,693
1963........:	443	7,763	9,833	12,849	7,014	3,465	32,493	9,488	83,348	517,200	600,548
1964........:	532	7,385	11,139	13,833	7,957	4,203	35,406	10,518	90,973	512,600	603,573
1965........:	502	6,892	11,840	15,409	8,841	5,003	36,844	11,293	96,122	519,700	615,822
1966........:	n.a.	7,357	12,778	16,776	9,668	6,106	39,516	12,308	104,509	531,300	635,809
1967 :	n.a.	8,315	13,930	17,575	9,805	7,432	41,786	12,526	111,369	552,900	664,269
1968 :	n.a.	9,137	14,395	17,923	10,418	8,789	47,092	12,045	119,799	580,600	700,399
1969 :	n.a.	9,393	15,268	18,301	11,207	10,027	48,368	11,793	124,357	605,400	729,757
1970 :	n.a.	9,340	16,433	17,911	11,773	10,785	45,241	11,858	123,341	622,600	745,941

[1] End of year numbers for Bulgaria, Czechoslovakia, East Germany, Yugoslavia, and USSR. Except for 1957, 1958, and 1959, numbers for Poland are end of year data. No census date given for Albania and Hungary. [2] Socialist sector only. [3] 1951-59 data for Machine Tractor Stations only. [4] State farms and state tractor stations only. [5] All types of combines. [6] Reported data only.

Table 18.--Grain area per grain combine, 1950-70

| Year | Eastern Europe | | | | | | | Total 5/ | U.S.S.R. |
	Bulgaria	Czecho-slovakia 1/	East Germany 2/	Hungary	Poland 3/	Romania	Yugo-slavia 4/		
	- - - - - - - - - - - - - - - - Hectares -								
Prewar........:	n.a.	n.a.	n.a.	n.a.	n.a.	n.a.	n.a.	n.a.	n.a.
1950..........:	221,692	n.a.	n.a.	152,200	113,583	58,771	n.a.	140,071	488
1951..........:	5,169	6,643	21,181	23,362	n.a.	53,984	n.a.	24,318	n.a.
1952..........:	2,059	3,710	19,521	4,611	n.a.	16,525	n.a.	9,752	n.a.
1953..........:	1,763	2,359	5,682	2,097	n.a.	12,027	n.a.	6,134	336
1954..........:	1,305	1,380	2,268	1,613	n.a.	7,126	n.a.	3,948	n.a.
1955..........:	1,000	766	1,174	1,648	4,484	4,703	34,561	2,331	365
1956..........:	746	610	745	1,570	2,983	4,079	11,988	1,759	335
1957..........:	767	618	678	1,580	2,829	2,332	5,961	1,589	253
1958..........:	590	516	615	1,555	2,535	816	4,057	1,112	242
1959..........:	478	452	514	n.a.	2,819	588	1,846	957	232
1960..........:	349	394	362	823	2,956	402	1,135	652	232
1961..........:	330	278	243	697	2,622	300	815	497	245
1962..........:	311	258	197	583	2,492	235	654	416	248
1963..........:	309	250	174	438	2,521	206	570	372	251
1964..........:	327	225	165	400	2,066	189	513	342	260
1965..........:	327	206	150	353	1,682	184	454	317	246
1966..........:	313	197	135	315	1,373	173	424	292	235
1967..........:	269	182	133	308	1,132	160	415	273	221
1968..........:	236	180	131	311	962	138	434	256	209
1969..........:	228	173	128	286	865	145	436	247	203
1970..........:	244	159	128	248	774	130	412	237	192

rms and state tractor

25

Table 19.--Fertilizer availability (plant nutrients), prewar and 1950-70

Year	Eastern Europe									U.S.S.R.	U.S.S.R. and Eastern Europe
	Albania	Bulgaria	Czecho-slovakia 1/	East Germany	Hungary	Poland 1/	Romania	Yugo-slavia	Total 2/		
	1,000 tons										
Prewar......	n.a.	n.a.	3/101.5	4/724.0	5/9.1	6/606.5	n.a.	n.a.	7/	8/727	7/
1950........	5.2	n.a.	160.3	677.7	35.2	362.5	5.9	n.a.	1,246.8	1,261	2,507.8
1951........	2.3	n.a.	211.2	630.4	48.7	372.1	n.a.	n.a.	1,264.7	n.a.	n.a.
1952........	6.8	19.9	205.3	705.8	46.0	428.9	n.a.	n.a.	1,412.7	n.a.	n.a.
1953........	8.8	n.a.	227.8	717.5	47.9	429.2	n.a.	n.a.	1,431.2	1,550	2,981.2
1954........	6.0	n.a.	265.6	795.0	65.4	476.1	n.a.	n.a.	1,608.1	n.a.	n.a.
1955........	8.9	35.4	325.7	767.9	54.3	543.9	21.9	65.7	1,823.7	n.a.	n.a.
1956........	10.9	49.2	346.5	819.8	54.7	587.2	n.a.	108.0	1,976.3	n.a.	n.a.
1957........	16.3	70.5	394.9	871.6	77.1	625.7	n.a.	179.8	2,235.9	n.a.	n.a.
1958........	19.6	79.3	419.8	946.5	106.6	577.5	n.a.	229.8	2,379.1	2,459	4,838.1
1959........	32.4	202.3	514.1	962.9	171.5	650.9	n.a.	259.9	2,794.0	2,577	5,371.0
1960........	28.0	156.5	496.7	950.5	167.5	744.6	74.5	283.7	2,902.0	2,624	5,526.0
1961........	24.6	143.7	496.1	994.4	215.2	794.6	90.9	262.5	3,022.0	2,717	5,739.0
1962........	22.5	150.8	554.1	971.8	274.4	892.7	101.8	325.2	3,293.3	3,094	6,387.3
1963........	15.6	175.0	574.9	1,075.9	299.6	918.4	187.5	443.8	3,690.7	3,594	7,284.7
1964........	15.1	283.9	673.3	1,193.3	342.2	986.9	188.3	460.8	4,143.8	5,040	9,183.8
1965........	20.5	360.7	820.5	1,312.6	357.4	1,106.7	266.4	455.1	4,699.9	6,303	11,002.9
1966........	n.a.	476.8	895.6	1,350.0	387.0	1,302.8	336.4	501.7	5,250.3	6,992	12,242.3
1967........	n.a.	607.1	927.8	1,354.1	514.0	1,581.7	440.7	516.4	5,941.8	7,746	13,688.8
1968........	n.a.	842.3	944.8	1,484.7	629.0	1,829.0	484.6	551.2	6,765.6	8,273	15,039.6
1969........	n.a.	692.3	1,119.5	1,500.2	699.0	2,141.3	538.1	583.5	7,273.9	8,885	16,158.9
1970........	n.a.	638.8	1,188.5	1,535.1	818.0	2,416.3	594.3	631.5	7,822.5	10,368	18,190.5

Table 20.--Fertilizer availability per hectare of arable land, 1950-70

Year	Eastern Europe								U.S.S.R.
	Bulgaria	Czecho-slovakia	East Germany	Hungary	Poland	Romania	Yugo-slavia	Total	
	- - - - - - - - - - - - - - - - - - - Kilograms -								
Prewar.........:	n.a.	n.a.	n.a.	n.a.	n.a.	n.a.	n.a.		n.a.
1950...........:	n.a.	30	130	6	n.a.	1	n.a.		n.a.
1951...........:	n.a.	39	120	8	n.a.	n.a.	n.a.		n.a.
1952...........:	4	38	134	8	n.a.	n.a.	n.a.		n.a.
1953...........:	n.a.	43	137	8	26	n·a·	n.a.		n.a.
1954...........:	n.a.	50	152	11	n·a·	n.a.	n.a.		n.a.
1955...........:	8	60	147	·9	34	2	8		n.a.
1956...........:	11	64	157	10	36	n·a·	13		n.a.
1957...........:	16	73	168	13	39	n.a.	22		n.a.
1958...........:	18	77	184	18	36	n.a.	28		91
1959...........:	45	94	189	30	40	n.a.	31		87
1960...........:	34	92	188	29	46	7	34		86
1961...........:	31	92	197	38	49	9	·31		84
1962...........:	33	102	194	49	56	10	39		74
1963...........:	39	106	216	53	58	18	53		64
1964...........:	62	125	240	61	62	18	55		46
1965...........:	79	152	266	63	72	25	55		36
1966...........:	105	167	274	69	85	32	61		32
1967...........:	134	173	276	91	103	42	62		30
1968...........:	185	176	n.a.	112	119	46	67		28
1969...........:	152	209	n.a.	125	140	51	71		26
1970...........:	141	223	n.a.	146	158	56	77		22

Year	Bulgaria 1/	Czecho-slovakia 2/	East Germany 3/	Hungary 4/	Poland 5/	Romania 6/	Yugo-slavia 7/	Total 8/	U.S.S.R. 9/
1950	56	87	74	83	79	59	n.a.		61
1951	n.a.	n.a.	n.a.	98	73	72	72		57
1952	65	n.a.	n.a.	72	75	68	50		62
1953	n.a.	85	n.a.	88	77	79	72		64
1954	n.a.	83	n.a.	88	81	81	64		67
1955	76	92	91	98	83	95	81		75
1956	71	95	n.a.	85	89	77	66		85
1957	83	95	n.a.	98	93	95	96		88
1958	n.a.	96	n.a.	103	96	82	83		97
1959	98	95	n.a.	107	95	98	111		98
1960	100	100	100	100	100	100	100		100
1961	98	100	98	99	110	105	97		103
1962	101	93	84	102	101	96	100		104
1963	103	100	93	107	105	100	110		96
1964	115	103	95	112	107	106	116		110
1965	117	97	101	106	115	113	107		112
1966	134	108	106	116	121	129	123		122
1967	138	114	113	120	124	131	121		124
1968	128	120	112	120	129	127	117		130
1969	133	122	104	128	123	131	129		125
1970	139	123	110	121	126	124	123		138

1/ 1962 prices. 2/ 1967 prices. 3/ Net production 1967 prices. 4/ 1968 prices. 5/ 1970 prices. 6/ [illegible]

Table 22.--Grain: Area 1/, 1950-70

Year	Eastern Europe							Total	U.S.S.R.
	Bulgaria	Czecho-slovakia	East Germany	Hungary	Poland	Romania	Yugo-slavia		
					1,000 hectares				
1950........:	2,882	2,751	2,711	3,805	9,541	6,935	4,992	33,617	102,877
1951........:	2,910	2,604	2,690	3,738	9,427	6,910	5,109	33,388	106,400
1952........:	2,806	2,634	2,733	3,523	9,407	6,957	5,105	33,165	107,300
1953........:	2,756	2,626	2,699	3,474	9,301	6,904	5,333	33,093	106,713
1954........:	2,736	2,519	2,617	3,668	9,278	6,862	5,300	32,980	112,095
1955........:	2,759	2,561	2,484	3,671	9,350	7,219	5,357	33,401	123,461
1956........:	2,624	2,627	2,437	3,563	9,360	7,302	5,215	33,128	125,605
1957........:	2,778	2,635	2,510	3,706	9,515	7,522	5,675	34,341	122,005
1958........:	2,694	2,592	2,507	3,613	9,584	7,386	5,412	33,788	121,417
1959........:	2,691	2,562	2,442	3,570	9,366	7,281	5,707	33,619	114,522
1960........:	2,457	2,489	2,319	3,430	9,224	7,066	5,585	32,570	115,537
1961........:	2,500	2,468	2,233	3,276	8,948	7,029	5,415	31,869	122,243
1962........:	2,427	2,493	2,246	3,267	8,686	6,664	5,465	31,248	128,676
1963........:	2,399	2,460	2,238	3,069	8,734	6,709	5,406	31,015	129,980
1964........:	2,415	2,503	2,286	3,179	8,682	6,693	5,393	31,151	133,321
1965........:	2,252	2,440	2,304	3,121	8,416	6,766	5,133	30,432	128,024
1966........:	2,303	2,518	2,267	3,042	8,384	6,821	5,213	30,548	124,807
1967........:	2,234	2,541	2,330	3,019	8,411	6,685	5,198	30,418	122,172
1968........:	2,154	2,596	2,345	3,238	8,457	6,657	5,223	30,670	121,472
1969........:	2,141	2,636	2,346	3,210	8,671	6,563	5,137	30,704	122,703
1970........:	2,274	2,609	2,286	2,920	8,346	5,901	4,889	29,225	119,261

1/ Includes buckwheat, millet, spelt, mixed grains, and rice; also pulses in the USSR.

Table 23.--Grain: Yield per hectare, 1950-70 1/

Year	Eastern Europe							Total	U.S.S.R.
	Bulgaria	Czecho-slovakia	East Germany	Hungary	Poland	Romania	Yugo-slavia		
	Quintals/hectare								
1950..........:	11.0	17.2	20.7	14.4	12.6	7.4	9.2	12.1	7.9
1951..,.,,,,,,:	16.8	18.7	25.8	18.5	12,1	11.3	14.2	15,1	7,4
1952... :	12.3	18.1	24.0	11.8	12 9	9.6	7.6	12 6	8 6
1953... :	15.7	19.2	22.4	18.2	11 3	12.5	14.1	14 6	7 7
1954... :	12.3	17.0	21.6	15.0	12 3	11.8	9.6	13 2	7 6
1955... :	15.5	19.9	24.8	18.0	14 2	13.8	13.7	15 8	8 4
1956.,,,,,,,,:	13,2	20,7	23.6	14.8	13.5	9,8	11,3	13,8	9,9
1957. :	17 2	19 6	23.2	18.9	14.9	14 7	18 0	16 9	8 4
1958. :	14 6	18 6	25.2	15.7	14.7	9 9	13 7	14 7	11 1
1959. :	18 2	21 5	24.3	20.5	15.6	14 6	21 2	18 1	10 4
1960. :	19 7	23 0	27.5	20.0	16.0	13 9	19 7	18 2	10 9
1961,,,,,,,,,:	17,5	22.9	21.7	18,6	17,9	15.1	16.6	17,8	10,7
1962 :	18 0	22.8	26.4	20 6	16 0	14.5	17.9	18 0	0 9
1963 :	18 7	22.9	24.7	20 8	17 2	15.6	19.6	18 7	8 3
1964 :	21 5	21.0	27.0	21 4	16 1	16.6	21.7	19 3	11 4
1965 :	23 2	21.5	29.2	23 9	19 0	18.6	22.4	21 0	9 5
1966.,,,,,,,,:	29,3	23.3	26.1	24,6	18,8	20,4	26.7	22.8	13,7
1967. :	29 2	25.6	26.8	25 9	19 3	20 2	25.6	23.1	12 1
1968. :	24 4	28.3	33.4	25 8	21 2	19 2	23.2	23.4	4 0
1969. :	28 0	30.0	29.5	29 9	21 4	19 5	26.6	24.6	3 2
1970. :	29 5	27.6	28.2	25 9	18 4	17 8	23.8	22.4	5 6

1/ Includes buckwheat, millet, spelt, mixed grains, and rice; also pulses in the USSR.

30

Table 24.--Grain: Production, 1/ 1950-70

| Year | Eastern Europe | | | | | | | Total | U.S.S.R. |
	Bulgaria	Czecho-slovakia	East Germany	Hungary	Poland	Romania	Yugo-slavia		
					- - 1,000 metric tons - -				
1950.........:	3,176	4,720	5,625	5,480	12,038	5,149	4,621	50,809	81,200
1951.........:	4,900	4,865	7,172	6,928	11,405	7,816	7,273	50,359	78,700
1952.........:	3,459	4,779	6,789	4,163	12,157	6,705	3,878	41,930	92,200
1953.........:	4,327	5,056	6,051	6,332	10,497	8,621	7,519	48,403	82,487
1954.........:	3,359	4,273	5,661	5,496	11,456	8,064	5,107	43,416	85,568
1955.........:	4,287	5,097	6,169	6,597	13,294	9,956	7,331	52,731	103,687
1956.........:	3,453	5,432	5,746	5,289	12,636	7,139	5,903	45,598	124,051
1957.........:	4,775	5,179	5,829	6,990	14,080	11,042	10,195	58,090	102,639
1958.........:	3,942	4,832	6,312	5,690	14,081	7,432	7,432	49,582	134,721
1959.........:	4,889	5,515	5,946	7,318	14,569	12,110	12,110	60,979	119,538
1960.........:	4,850	5,735	6,379	6,860	14,809	10,933	10,933	59,392	125,490
1961.........:	4,384	5,661	4,841	6,109	16,005	8,973	8,973	56,585	130,790
1962.........:	4,363	5,688	5,936	6,728	13,925	9,786	9,786	56,103	140,183
1963.........:	4,478	5,641	5,535	2/6,369	15,060	10,436	10,599	58,118	107,492
1964.........:	5,188	5,262	6,184	2/6,813	13,989	11,107	11,714	60,257	152,071
1965.........:	5,227	5,236	6,731	2/7,391	16,020	12,601	10,612	63,818	121,141
1966.........:	6,751	5,867	5,917	2/7,495	15,792	13,899	13,907	69,628	171,184
1967.........:	6,517	6,507	6,238	2/7,814	16,266	13,513	13,301	70,156	147,887
1968.........:	5,264	7,357	7,830	2/8,367	17,946	12,092	12,092	71,616	169,540
1969.........:	5,998	7,907	6,922	2/9,605	18,574	13,653	13,653	75,480	162,385
1970.........:	6,701	7,197	6,456	2/7,566	15,399	11,635	11,635	65,443	186,795

1/ Includes buckwheat, millet, spelt, mixed grains, and rice; also pulses in the USSR.
2/ Includes wheat for feed.

Table 25.--Wheat: Area, prewar and 1950-70

Year	Eastern Europe									U.S.S.R.	U.S.S.R. and Eastern Europe
	Albania	Bulgaria	Czecho-slovakia	East Germany	Hungary	Poland	Romania	Yugo-slavia	Total		
	1,000 hectares										
Prewar......	1/55	2/1,527	3/882	3/630	1/1,621	3/1,343	3/2,563	4/2,140	5/	6/40,263	5/
1950........	88	1,449	755	479	1,375	1,480	2,785	1,790	10,201	38,528	48,729
1951........	87	1,475	740	464	1,395	1,524	2,807	1,770	10,262	43,023	53,285
1952........	84	1,424	766	476	1,372	1,488	2,776	1,840	10,226	46,347	56,573
1953........	97	1,416	748	420	1,320	1,498	2,758	1,890	10,147	48,356	58,507
1954........	108	1,392	712	424	1,410	1,559	2,457	1,850	9,912	49,342	59,254
1955........	115	1,368	720	400	1,358	1,431	2,948	1,900	10,240	60,457	70,697
1956........	94	1,375	722	380	1,389	1,464	2,894	1,620	9,938	62,010	71,948
1957........	104	1,439	742	420	1,247	1,441	2,968	1,970	10,331	69,058	79,389
1958........	99	1,435	738	440	1,188	1,474	2,973	1,990	10,337	66,642	76,979
1959........	100	1,392	720	435	1,116	1,435	2,988	2,130	10,316	62,997	73,313
1960........	84	1,249	652	418	1,051	1,361	2,836	2,060	9,711	60,393	70,104
1961........	121	1,311	643	377	1,014	1,401	2,969	1,960	9,796	63,000	72,796
1962........	134	1,244	673	423	1,095	1,393	3,043	2,130	10,135	67,411	77,546
1963........	82	1,188	720	426	976	1,541	2,874	2,140	9,947	64,609	74,556
1964........	125	1,194	831	433	1,112	1,626	2,959	2,100	10,380	67,887	78,267
1965........	n.a.	1,145	826	491	1,082	1,617	2,983	1,680	7/9,824	70,205	7/80,029
1966........	n.a.	1,142	892	484	1,015	1,657	3,034	1,830	7/10,054	69,958	7/80,012
1967........	n.a.	1,064	930	533	1,053	1,723	2,913	1,880	7/10,096	67,026	7/77,122
1968........	n.a.	1,060	999	570	1,123	1,844	2,817	2,010	7/10,423	67,231	7/77,6
1969........	n.a.	1,039	1,054	560	1,321	1,965	2,759	2,019	7/10,717	66,4	[illegible]
1970	[illegible]	[illegible]	[illegible]	[illegible]	[illegible]	[illegible]	[illegible]	[illegible]	[illegible]	[illegible]	[illegible]

Year	Eastern Europe									U.S.S.R.	U.S.S.R. and Eastern Europe
	Albania	Bulgaria	Czecho-slovakia	East Germany	Hungary	Poland	Romania	Yugo-slavia	Total		
					Centners						
Prewar......:	1/7.0	2/13.1	3/17.1	3/24.6	1/16.5	3/13.7	3/10.3	4/11.4	5/	6/7.9	5/
1950........:	9.7	12.1	18.9	25.4	15.1	12.8	8.0	10.3	12.3	8.1	8.9
1951........:	9.4	16.9	19.9	32.2	16.8	12.2	12.5	12.9	15.2	n.a.	n.a.
1952........:	9.7	14.3	20.5	30.3	12.3	13.5	10.7	9.2	13.2	n.a.	n.a.
1953........:	12.6	16.4	20.8	27.4	16.5	12.5	14.4	13.3	15.5	8.5	9.7
1954........:	10.1	11.8	15.6	25.5	11.8	12.8	8.7	7.5	11.2	8.6	9.0
1955........:	10.3	14.0	20.4	30.3	15.6	14.9	10.2	12.8	14.1	7.8	8.7
1956........:	10.0	12.5	21.3	28.6	13.2	14.5	8.4	9.9	12.5	10.9	11.1
1957........:	11.6	16.6	20.6	30.0	15.6	16.1	12.5	15.8	15.8	8.4	9.4
1958........:	9.8	16.1	18.3	31.0	12.5	15.7	9.8	12.3	13.8	11.5	11.8
1959........:	10.1	17.3	22.9	31.5	17.1	17.3	13.4	19.4	17.5	11.0	11.9
1960........:	7.4	19.0	23.3	34.8	16.8	16.9	12.2	17.3	17.0	10.6	11.5
1961........:	7.8	15.4	26.0	27.5	19.1	19.9	13.4	16.1	17.1	10.6	11.4
1962........:	10.7	16.7	24.5	31.1	17.9	19.4	13.3	16.5	17.2	10.5	11.4
1963........:	7.3	15.9	24.6	30.0	15.6	19.9	13.2	19.3	17.6	7.7	9.0
1964........:	9.8	17.7	22.2	31.1	18.5	18.7	12.9	17.6	17.4	11.0	11.8
1965........:	n.a.	25.5	24.2	36.7	21.7	20.6	19.9	20.5	7/22.2	8.5	7/10.2
1966........:	n.a.	27.9	25.3	31.4	21.6	21.5	16.7	25.2	7/22.4	14.3	7/15.4
1967........:	n.a.	30.6	27.1	37.8	25.8	22.4	20.0	25.6	7/25.1	11.6	7/13.3
1968........:	n.a.	24.0	31.6	41.7	25.2	24.8	17.2	21.8	7/24.2	13.9	7/15.3
1969........:	n.a.	24.7	31.0	35.5	27.1	24.0	15.8	24.2	7/23.6	12.0	7/13.6
1970........:	n.a.	29.9	29.5	35.6	21.3	23.2	14.5	20.7	7/22.6	15.3	7/16.3

1/ 1938. 2/ 1939. 3/ 1934-38 average. 4/ 1930-39 average. 5/ Prewar yields not calculated because of different base years. 6/ 1940. 7/ Excludes Albania.
n.a. = Not available.

33

Table 27.--Wheat: Production, prewar and 1950-70

Year	Eastern Europe									U.S.S.R.	U.S.S.R. and Eastern Europe
	Albania	Bulgaria	Czecho-slovakia	East Germany	Hungary	Poland	Romania	Yugo-slavia	Total		
							1,000 tons				
Prewar......:	1/39	2/2,003	3/1,513	3/1,547	1/2,688	3/1,963	3/2,630	4/2,430	5/	6/31,746	5/
1950........:	85	1,757	1,430	1,214	2,085	1,888	2,219	1,830	12,508	31,076	43,584
1951........:	82	2,499	1,476	1,494	2,351	1,863	3,521	2,280	15,566	n.a.	n.a.
1952........:	82	2,041	1,573	1,442	1,699	2,013	2,975	1,680	13,505	n.a.	n.a.
1953........:	122	2,334	1,556	1,152	2,182	1,870	3,964	2,510	15,690	41,276	56,966
1954........:	109	1,651	1,107	1,081	1,661	2,002	2,140	1,380	11,131	42,399	53,530
1955........:	118	1,920	1,473	1,212	2,131	2,134	3,006	2,430	14,424	47,289	61,713
1956........:	94	1,717	1,541	1,086	1,845	2,121	2,436	1,600	12,440	67,380	79,820
1957........:	121	2,395	1,525	1,259	1,959	2,319	3,701	3,100	16,379	58,113	74,492
1958........:	97	2,322	1,346	1,363	1,487	2,321	2,914	2,450	14,300	76,568	90,868
1959........:	102	2,426	1,649	1,371	1,909	2,484	4,000	4,130	18,071	69,101	87,172
1960........:	62	2,379	1,503	1,456	1,768	2,303	3,450	3,570	16,491	64,299	80,790
1961........:	95	2,028	1,666	1,038	1,936	2,792	3,990	3,170	16,715	66,483	83,198
1962........:	144	2,081	1,644	1,315	1,959	2,700	4,054	3,510	17,407	70,778	88,185
1963........:	60	1,892	1,766	1,280	1,523	3,067	3,799	4,140	17,527	49,688	67,215
1964........:	122	2,118	1,829	1,348	2,059	3,042	3,824	3,700	18,042	74,399	92,441
1965........:	n.a.	2,921	1,992	1,802	2,358	3,338	5,937	3,460	7/21,808	59,686	7/81,494
1966........:	n.a.	3,193	2,247	1,521	2,350	3,556	5,065	4,600	7/22,532	100,499	7/123,031
1967........:	n.a.	3,254	2,516	2,012	3,022	3,857	5,820	4,820	7/25,301	77,419	7/102,720
1968........:	n.a.	2,549	3,153	2,377	3,361	4,567	4,848	4,360	7/25,215	93,393	7/118,608
1969........:	n.a.	2,569	3,257	1,987	3,585	4,710	4,349	4,880	7/25,335	79,900	7/105,235
1970........:	n.a.	3,032	3,174	2,132	2,733	4,608	3,356	3,790	7/22,825	99,700	7/122,525

1/ 1938. 2/ 1939. 3/ 1934-38 average. 4/ 1930-39 average. 5/ Prewar data not added because of different base years. 6/ 1940. 7/ Excludes Albania.

Table 28.--Rye: Area, prewar and 1950-70

| Year | Eastern Europe | | | | | | | | | U.S.S.R. | U.S.S.R. and Eastern Europe |
	Albania	Bulgaria	Czecho-slovakia	East Germany	Hungary	Poland	Romania	Yugo-slavia	Total		
					- - - 1,000 hectares - - -						
Prewar......:	1/4	2/231	3/983	3/1,209	1/633	3/5,352	3/179	4/250	5/	6/23,099	5/
1950........:	11	230	626	1,294	597	5,080	204	256	8,298	23,730	32,028
1951........:	12	234	522	1,277	575	5,027	212	287	8,146	23,886	32,032
1952........:	12	229	564	1,291	509	4,954	207	295	8,061	22,755	30,816
1953........:	15	205	534	1,223	436	4,755	216	298	7,682	20,232	27,914
1954........:	16	175	525	1,215	466	4,799	195	276	7,667	20,475	28,142
1955........:	16	167	513	1,074	447	4,952	202	278	7,649	19,095	26,744
1956........:	15	144	515	1,110	441	4,964	172	252	7,613	18,395	26,008
1957........:	16	133	518	1,097	421	5,066	155	256	7,662	18,078	25,740
1958........:	11	110	498	1,094	376	5,213	140	248	7,690	17,977	25,667
1959........:	12	91	476	1,031	353	5,202	119	236	7,520	17,068	24,588
1960........:	10	78	431	946	301	5,122	98	213	7,199	16,250	23,449
1961........:	11	71	463	825	268	4,880	90	180	6,788	16,700	23,488
1962........:	11	59	441	811	232	4,700	77	177	6,508	16,938	23,446
1963........:	9	57	426	820	208	4,383	80	157	6,140	15,025	21,165
1964........:	10	58	406	823	247	4,404	91	157	6,196	16,807	23,003
1965........:	n.a.	46	410	822	246	4,447	102	146	7/6,219	16,030	7/22,249
1966........:	n.a.	42	395	771	220	4,309	91	141	7/5,771	13,583	7/19,354
1967........:	n.a.	31	321	746	204	4,274	62	138	7/5,776	12,418	7/18,194
1968........:	n.a.	24	338	735	190	4,263	43	132	7/5,725	12,269	7/17,994
1969........:	n.a.	24	275	690	183	4,174	42	124	7/5,512	9,237	7/14,749
1970........:	n.a.	22	219	680	149	3,413	45	110	7/4,638	10,000	7/14,638

1/ 1938. 2/ 1939. 3/ 1934-38 average. 4/ 1930-39 average. 5/ Prewar data not added because of different base years. 6/ 1940. 7/ Excludes Albania.

n.a. = Not available.

35

Table 29.--Rye: Yield per hectare, prewar and 1950-70

Year	Eastern Europe									:U.S.S.R.:	U.S. an East Euro
	:Albania	Bulgaria	Czecho-slovakia	East Germany	Hungary	Poland	Romania	Yugo-slavia	Total		
						Centners					
Prewar......:	1/7.0	2/10.9	3/16.0	3/17.1	1/12.7	3/12.8	3/9.2	4/8.5	5/	6/9.1	5/
1950........:	7.4	11.2	18.3	18.7	12.9	12.8	9.0	8.5	13.8	7.6	9.2
1951........:	8.5	13.4	18.4	23.4	13.7	12.2	10.8	9.6	14.5	n.a.	n.a.
1952........:	6.6	11.4	16.5	22.2	10.6	12.5	10.2	7.6	13.9	n.a.	n.a.
1953........:	8.9	11.9	17.9	18.7	12.9	10.2	12.2	10.4	12.4	7.2	8.6
1954........:	7.3	8.6	15.3	19.7	10.2	12.2	8.7	6.9	13.1	7.6	9.1
1955........:	9.1	10.3	18.9	21.8	12.2	14.1	10.6	9.5	15.0	8.6	10.5
1956........:	8.7	9.3	20.4	20.7	11.1	13.2	7.9	8.2	14.3	7.7	9.6
1957........:	9.1	9.7	18.3	20.3	11.6	14.7	9.8	11.0	15.2	8.0	10.2
1958........:	7.7	9.1	19.0	21.6	9.8	14.1	8.8	9.7	14.9	8.8	10.6
1959........:	7.7	11.4	20.3	20.7	12.6	15.6	10.8	11.2	16.2	9.9	11.8
1960........:	5.8	10.4	20.8	22.5	11.8	15.4	10.5	10.9	16.2	10.1	12.0
1961........:	6.6	9.7	21.4	18.2	11.1	17.1	11.6	10.6	17.0	10.0	12.0
1962........:	6.3	8.2	20.8	21.3	10.0	14.2	9.8	9.5	15.2	10.1	11.5
1963........:	5.9	9.7	20.4	20.4	10.3	16.3	9.8	9.9	16.6	7.9	10.4
1964........:	6.7	10.9	21.3	23.0	10.7	15.8	10.1	11.2	16.7	8.1	10.4
1965........:	n.a.	11.0	19.8	23.2	11.7	18.4	12.2	10.7	7/18.6	10.1	7/12.5

36

Year	Eastern Europe: Albania	Eastern Europe: Bulgaria	Eastern Europe: Czecho-slovakia	Eastern Europe: East Germany	Eastern Europe: Hungary	Eastern Europe: Poland	Eastern Europe: Romania	Eastern Europe: Yugo-slavia	Eastern Europe: Total	U.S.S.R.	U.S.S.R. and Eastern Europe
	1,000 tons										
Prewar	1/3	2/258	3/1,577	3/2,070	1/805	3/6,851	3/165	4/212	5/	6/20,967	5/
1950	8	258	1,147	2,418	769	6,488	182	219	11,489	17,961	29,505
1951	10	313	1,015	2,992	790	6,148	229	277	11,774	16,000	n.a.
1952	8	262	930	2,864	542	6,173	211	225	11,215	17,100	n.a.
1953	14	244	954	2,292	562	4,853	262	309	9,490	14,514	24,004
1954	11	151	803	2,394	480	5,844	170	191	10,044	15,590	25,634
1955	15	173	968	2,337	544	7,003	214	263	11,517	16,475	27,992
1956	13	133	1,050	2,299	494	6,558	136	205	10,888	14,096	24,984
1957	15	130	948	2,231	487	7,437	152	280	11,680	14,467	26,147
1958	9	102	937	2,368	371	7,329	124	241	11,481	15,777	27,258
1959	9	107	967	2,133	443	8,113	128	265	12,165	16,902	28,067
1960	6	82	895	2,126	354	7,878	103	233	11,677	16,357	28,034
1961	7	70	994	1,504	297	8,356	104	191	11,523	16,700	28,223
1962	7	49	916	1,726	233	6,685	75	169	9,860	17,024	26,884
1963	5	56	880	1,675	215	7,124	78	156	10,189	11,878	22,067
1964	6	64	870	1,890	265	6,964	92	175	10,326	13,619	23,945
1965	n.a.	52	822	1,910	288	8,202	125	156	7/11,555	16,228	7/27,783
1966	n.a.	56	790	1,642	242	7,661	100	176	7/10,667	13,146	7/23,813
1967	n.a.	38	689	1,986	225	7,645	71	171	7/10,825	12,986	7/23,811
1968	n.n.	24	769	1,936	238	8,438	48	138	7/11,591	14,120	7/25,711
1969	n.a.	29	687	1,544	235	8,166	47	135	7/10,814	10,900	7/21,714
1970	n.a.	28	454	1,483	155	5,433	43	127	7/ 7,723	13,000	7/20,723

1/ 1938. 2/ 1939. 3/ 1934-38 average. 4/ 1930-39 average. 5/ Prewar data not added because of different base years. 6/ 1940. 7/ Excludes Albania.

n.a. = Not available.

Table 31.--Barley: Area, prewar and 1950-70

Year	Eastern Europe									U.S.S.R.	U.S.S.R. and Eastern Europe
	Albania	Bulgaria	Czecho-slovakia	East Germany	Hungary	Poland	Romania	Yugo-slavia	Total		
	1,000 hectares										
Prewar......:	1/7	2/276	3/653	3/437	1/454	3/1,040	3/839	4/423	5/	6/11,266	5/
1950........:	12	245	614	261	479	835	534	325	3,305	8,566	11,871
1951........:	11	249	634	264	447	814	510	331	3,260	8,081	11,341
1952........:	12	259	624	265	437	826	502	317	3,242	8,575	11,817
1953........:	14	266	648	317	407	877	518	360	3,407	9,602	13,009
1954........:	14	257	629	311	415	839	438	331	3,234	10,673	13,907
1955........:	14	289	642	336	404	822	390	338	3,235	9,855	13,090
1956........:	11	259	668	322	407	777	300	353	3,097	11,872	14,969
1957........:	8	253	670	321	482	777	303	408	3,222	9,164	12,386
1958........:	6	259	669	337	538	742	292	390	3,233	9,679	12,912
1959........:	5	267	672	354	541	644	289	378	3,150	9,631	12,781
1960........:	5	296	707	389	508	717	266	363	3,251	12,100	15,351
1961........:	5	305	696	432	522	680	284	371	3,295	13,400	16,695
1962........:	4	303	694	374	548	663	250	351	3,187	16,300	19,487
1963........:	4	343	692	424	486	748	224	350	3,271	20,400	23,671
1964........:	4	358	686	464	522	741	196	369	3,340	21,700	25,040
1965........:	n.a.	372	668	497	501	689	233	405	7/3,365	19,700	7/23,065
1966........:	n.a.	416	690	521	490	678	246	394	7/3,435	19,400	7/22,835
1967........:	n.a.	387	712	553	448	645	257	343	7/3,342	19,100	7/22,442
1968........:	n.a.	402	712	595	386	628	292	312	7/3,327	19,400	7/22,727
1969........:	n.a.	412	780	642	381	759	308	299	7/3,581	22,484	7/26,065
1970........:	n.a.	403	803	640	284	924	288	280	7/3,622	21,300	7/24,922

1/ 1938. 2/ 1939. 3/ 1934-38 average. 4/ 1930-39 average. 5/ Prewar data not added because of different base years. 6/ 1940. 7/ Excludes Albania.

n.a. = Not available.

38

Year	Eastern Europe									U.S.S.R.	U.S.S.R. and Eastern Europe
	Albania	Bulgaria	Czecho-slovakia	East Germany	Hungary	Poland	Romania	Yugo-slavia	Total		
							Centners				
Prewar......:	1/7.0	2/14.9	3/17.0	3/23.4	1/16.0	3/15.7	3/7.2	4/9.7	5/	6/10.7	5/
1950........:	9.8	12.5	16.8	22.5	12.7	12.9	6.1	8.2	12.8	7.5	8.9
1951........:	9.2	20.1	18.0	28.3	16.2	12.4	10.3	10.9	15.4	n.a.	n.a.
1952........:	7.0	16.0	18.2	25.8	13.0	14.2	10.3	8.2	14.7	n.a.	n.a.
1953........:	10.7	18.9	19.2	25.4	18.6	12.9	11.8	12.7	16.2	8.2	10.3
1954........:	8.8	13.2	17.7	24.1	14.1	12.9	8.8	7.6	14.0	7.3	8.8
1955........:	9.3	16.2	20.1	27.5	19.6	15.1	11.4	11.6	17.2	10.5	12.2
1956........:	8.7	13.2	21.1	25.9	15.8	14.6	9.7	9.7	16.2	10.9	12.0
1957........:	9.4	18.7	20.4	27.9	20.0	15.8	13.8	14.8	18.5	9.3	11.6
1958........:	7.3	17.0	17.9	27.6	13.7	16.3	10.5	12.1	16.4	13.4	14.2
1959........:	8.3	20.8	21.9	29.4	20.2	16.2	15.5	15.2	19.8	10.6	12.8
1960........:	7.1	20.9	24.8	32.6	19.4	18.3	15.2	14.6	21.1	13.2	14.9
1961........:	8.6	20.0	22.8	21.9	18.9	19.7	16.5	15.4	19.7	9.9	11.9
1962........:	7.2	19.7	25.3	31.1	20.9	19.8	16.7	13.5	21.6	12.0	13.5
1963........:	7.0	17.9	23.5	28.2	17.9	19.8	15.7	14.9	20.4	9.7	11.2
1964........:	8.4	21.2	21.0	32.3	15.7	17.0	17.8	14.4	19.9	13.2	14.1
1965........:	n.a.	23.5	21.4	33.2	20.2	21.0	20.9	16.8	7/22.4	10.3	7/12.1
1966........:	n.a.	25.5	23.4	29.3	18.7	20.6	19.6	18.1	7/22.4	14.3	7/15.6
1967........:	n.a.	25.4	27.3	34.9	20.9	21.6	20.7	17.6	7/27.9	12.9	7/14.7
1968........:	n.a.	20.0	29.8	35.6	23.4	23.6	20.2	14.4	7/25.4	14.7	7/16.4
1969........:	n.a.	22.0	32.1	32.2	23.8	25.7	17.7	15.3	7/26.0	14.5	7/16.1
1970........:	n.a.	28.9	28.4	30.1	19.5	23.3	17.8	14.4	7/24.8	17.9	7/18.9

1/ 1938. 2/ 1939. 3/ 1934-38 average. 4/ 1930-39 average. 5/ Prewar yields not calculated because of different base years. 6/ 1940. 7/ Excludes Albania.

n.a. = Not available.

Table 33.--Barley: Production, prewar and 1950-70

Year	Eastern Europe									U.S.S.R.	U.S.S.R. and Eastern Europe
	Albania	Bulgaria	Czecho-slovakia	East Germany	Hungary	Poland	Romania	Yugo-slavia	Total		
						- - - - 1,000 tons - - - -						
Prewar......:	1/5	2/414	3/1,109	3/1,024	1/724	3/1,633	3/602	4/410		5/ 6/12,046	5/
1950........:	11	326	1,030	587	604	1,081	325	266	4,230	6,354	10,584
1951........:	10	502	1,143	746	722	1,009	526	359	5,017	n.a.	n.a.
1952........:	8	429	1,137	685	567	1,176	518	258	4,778	n.a.	n.a.
1953........:	14	505	1,247	806	756	1,134	612	458	5,532	7,875	13,432
1954........:	13	340	1,115	749	587	1,086	386	253	4,529	7,764	12,293
1955........:	13	471	1,291	924	794	1,239	445	390	5,567	10,350	15,917
1956........:	10	343	1,408	834	644	1,131	291	344	5,005	12,903	17,908
1957........:	8	478	1,362	897	962	1,227	417	604	5,955	8,480	14,435
1958........:	4	444	1,199	931	735	1,210	305	470	5,298	12,957	18,298
1959........:	4	560	1,467	1,039	1,093	1,043	449	575	6,230	10,150	16,430
1960........:	3	622	1,745	1,269	986	1,310	405	529	6,869	16,000	22,869
1961........:	4	612	1,581	947	984	1,339	468	571	6,506	13,300	19,806
1962........:	3	599	1,752	1,164	1,144	1,315	419	475	6,871	19,500	26,371
1963........:	3	618	1,620	1,197	869	1,479	351	524	6,661	19,800	26,461
1964........:	3	764	1,429	1,496	818	1,261	348	534	6,653	28,600	35,253
1965........:	n.a.	876	1,399	1,651	1,012	1,445	485	682	7/7,550	20,300	7/27,850
1966........:	n.a.	1,064	1,608	1,525	916	1,398	483	713	7/7,707	27,900	7/35,607
1967........:	n.a.	985	1,936	1,927	934	1,394	531	606	7/8,313	24,700	7/33,013
1968........:	n.a.	807	2,113	2,121	904	1,478	590	450	7/8,463	28,900	7/37,363
1969........:	·n.a.	905	2,499	2,067	908	1,948	544	459	7/9,330	32,700	7/42,030
1970........:	n.a.	1,167	2,280	1,926	552	2,149	514	402	7/8,990	38,200	7/47,190

1/ 1938. 2/ 1939. 3/ 1934-38 average. 4/ 1930-39 average. 5/ Prewar data not added because of different base years. 6/ 1940. 7/ Excludes Albania.

n.a. = Not available.

Table 34.--Oats: Area, prewar and 1950-70

Year	Eastern Europe									U.S.S.R.	U.S.S.R. and Eastern Europe
	Albania	Bulgaria	Czecho-slovakia	East Germany	Hungary	Poland	Romania	Yugo-slavia	Total		
	1,000 hectares										
Prewar......:	1/16	2/146	3/748	3/738	1/225	3/1,952	3/674	4/366	5/	6/20,254	5/
1950........:	23	162	628	532	187	1,698	520	389	4,139	16,152	20,291
1951........:	21	168	569	533	150	1,630	467	339	3,877	17,444	21,321
1952........:	19	155	541	549	131	1,691	473	334	3,893	16,583	20,476
1953........:	25	157	547	585	124	1,710	484	339	3,971	15,314	19,285
1954........:	27	161	506	517	124	1,634	435	341	3,745	15,871	19,616
1955........:	26	159	526	536	121	1,641	385	321	3,715	14,811	18,526
1956........:	24	151	539	448	118	1,595	340	373	3,588	15,063	18,651
1957........:	21	162	536	455	172	1,738	352	402	3,838	14,029	17,867
1958........:	20	166	507	427	173	1,709	311	347	3,660	14,832	18,492
1959........:	22	181	507	410	170	1,686	300	338	3,614	14,328	17,942
1960........:	20	180	504	359	141	1,641	270	334	3,449	12,800	16,249
1961........:	19	160	465	351	110	1,602	244	355	3,306	11,500	14,806
1962........:	21	152	448	372	84	1,584	174	310	3,145	6,900	10,045
1963........:	20	133	409	315	90	1,682	130	315	3,094	5,700	8,794
1964........:	22	130	394	295	71	1,561	89	306	2,868	5,700	8,568
1965........:	n.a.	119	375	260	57	1,314	116	321	7/2,562	6,600	7/9,162
1966........:	n.a.	113	389	261	61	1,381	138	320	7/2,663	7,200	7/9,863
1967........:	n.a.	120	433	270	55	1,403	127	301	7/2,709	8,700	7/11,409
1968........:	n.a.	96	409	256	54	1,365	132	285	7/2,597	9,000	7/11,597
1969........:	n.a.	76	400	272	48	1,367	131	273	7/2,567	9,300	7/11,867
1970........:	n.a.	71	378	210	44	1,530	131	283	7/2,647	9,200	7/11,847

1/ 1938. 2/ 1939. 3/ 1934-38 average. 4/ 1930-39 average. 5/ Prewar data not added because of different base years. 6/ 1940. 7/ Excludes Albania.

n.a. = Not available.

Table 35.--Oats: Yield per hectare, prewar and 1950-70

Year	Eastern Europe									U.S.S.R.	U.S.S.R. and Eastern Europe
	Albania	Bulgaria	Czecho-slovakia	East Germany	Hungary	Poland	Romania	Yugo-slavia	Total		
							Centners				
Prewar......:	1/5.0	2/10.2	3/16.2	3/21.5	1/13.7	3/14.5	3/7.	4/8.5	5/	6/8.3	5/
1950........:	9.0	7.5	14.3	21.2	9.0	12.5	5.8	5.0	11.9	8.1	8.8
1951........:	8.2	13.5	16.3	28.1	12.5	12.2	8.3	8.6	14.4	n.a.	n.a.
1952........:	6.8	11.2	17.1	26.1	10.2	13.9	9.1	6.5	14.6	n.a.	n.a.
1953........:	10.7	12.3	15.9	24.7	13.2	12.7	10.2	10.4	14.4	6.	8.2
1954........:	8.3	10.2	17.1	21.8	12.0	12.7	8.2	6.8	13.3	6..6	8.0
1955........:	8.6	10.0	18.5	25.4	14.6	13.9	9.7	8.7	15.2	8.8	9.4
1956........:	8.2	8.9	19.2	24.8	14.	14.2	9.0	8.7	15.0	8.8	10.0
1957........:	8.5	12.6	16.8	21.9	15.	14.6	11.1	12.0	15.1	9.1	10.4
1958........:	6.6	8.0	17.4	26.8	11.3	15.6	8.1	7.5	15.1	9.0	10.2
1959........:	6.9	13.3	18.	23.6	15.0	14.7	10.5	12.0	15.5	9.4	10.6
1960........:	5.3	11.9	20.4	28.1	14.4	16.9	10.5	11.2	17.1	9.3	11.0
1961........:	6.0	12.7	20.6	24.4	12.6	18.4	11.3	12.2	17.6	7.7	9.9
1962........:	7.7	7.4	20.1	28.3	13.7	17.3	9.6	9.8	17.2	8.2	11.1
1963........:	5.5	9.8	19.4	25.6	11.8	16.8	9.6	10.9	16.6	6.9	10.4
1964........:	6.8	11.3	17.2	26.2	7.7	14.2	8.9	9.6	14.8	9.6	11.4
1965........:	n.a.	8.6	17.2	29.2	11.2	18.8	10.7	10.5	7/17.5	9.3	7/11.8
1966........:	n.a.	15.8	19.2	26.9	11.9	18.8	12.3	12.1	7/18.2	12.8	7/14.2
1967........:	n.a.	13.9	22.3	31.4	15.6	19.7	12.9	12.0	7/19.8	13.3	7/14.9
1968........:	n.a.	7.9	21.4	33.8	12.6	20.7	8.6	10.4	7/19.7	12.9	7/14.4
1969........:	n.a.	10.3	24.2	30.9	16.7	22.4	10.5	11.3	7/20.9	14.0	7/15.6
1970........:	n.a.	13.8	20.7	26.6	13.0	21.0	10.0	10.9	7/19.4	15.3	7/16.3

1/ 1938. 2/ 1939. 3/ 1934-38 average. 4/ 1930-39 average. 5/ Prewar yields not calculated because of different base years. 6/ 1940. 7/ Excludes Albania.

Table 36.--Oats: Production, prewar and 1950-70

Year	Eastern Europe									U.S.S.R.	U.S.S.R. and Eastern Europe
	Albania	Bulgaria	Czecho-slovakia	East Germany	Hungary	Poland	Romania	Yugo-slavia	Total		
	1,000 tons										
Prewar	1/8	2/149	3/1,212	3/1,584	1/310	3/2,832	3/528	4/310	5/	6/16,795	5/
1950	20	121	895	1,127	167	2,127	283	195	4,935	13,005	17,940
1951	17	228	929	1,556	188	1,981	389	293	5,581	n.a.	n.a.
1952	13	176	927	1,430	134	2,348	429	216	5,673	n.a.	n.a.
1953	26	195	869	1,446	164	2,169	494	352	5,715	10,074	15,789
1954	22	166	866	1,128	150	2,073	357	233	4,995	10,799	15,794
1955	22	161	974	1,362	176	2,287	374	278	5,634	11,827	17,461
1956	20	135	1,034	1,112	176	2,259	305	324	5,365	13,218	18,583
1957	17	205	899	999	263	2,541	392	484	5,800	12,729	18,529
1958	13	134	871	1,143	192	2,670	250	259	5,532	13,407	18,939
1959	15	244	929	966	256	2,483	315	404	5,612	13,463	19,075
1960	11	218	1,020	1,007	204	2,774	284	373	5,891	12,000	17,891
1961	12	206	959	856	139	2,940	275	432	5,819	8,900	14,719
1962	16	114	905	1,054	115	2,740	167	305	5,416	5,700	11,116
1963	11	133	797	807	106	2,830	124	345	5,153	4,000	9,153
1964	15	149	669	775	55	2,218	79	293	4,253	5,500	9,753
1965	n.a.	104	630	758	63	2,476	124	338	7/4,493	6,200	7/10,693
1966	n.a.	182	746	703	72	2,594	170	386	7/4,853	9,200	7/14,053
1967	n.a.	169	968	845	86	2,768	163	363	7/5,362	11,600	7/16,962
1968	n.a.	76	869	864	68	2,831	114	295	7/5,117	11,600	7/16,717
1969	n.a.	78	969	841	80	3,063	137	308	7/5,376	13,100	7/18,476
1970	n.a.	98	776	558	57	3,209	117	309	7/5,124	14,200	7/19,324

1/ 1938. 2/ 1939. 3/ 1934-38 average. 4/ 1930-39 average. 5/ Prewar data not added because of different base years. 6/ 1940. 7/ Excludes Albania.

n.a. = Not available.

Table 37.--Corn: Area, prewar and 1950-70

Year	Eastern Europe									U.S.S.R.	U.S.S.R. and Eastern Europe
	Albania	Bulgaria	Czecho-slovakia	East Germany	Hungary	Poland	Romania	Yugo-slavia	Total		
					- - - - 1,000 hectares - - - -						
Prewar......:	1/125	2/788	3/105	3/8	1/1,175	3/15	3/3,884	4/2,600	5/	6/3,641	5/
1950........:	124	756	128	3	1,152	4	2,853	2,210	7,230	4,829	12,059
1951........:	123	749	139	2	1,154	21	2,871	2,360	7,419	4,061	11,480
1952........:	121	703	139	2	1,054	25	2,960	2,290	7,294	3,887	11,181
1953........:	118	675	149	1	1,161	22	2,886	2,410	7,422	3,485	10,907
1954........:	120	716	147	2	1,210	26	3,302	2,460	7,983	4,293	12,276
1955........:	113	742	160	4	1,291	72	3,265	2,470	8,117	6,176	14,293
1956........:	152	791	183	2	1,162	7/141	3,571	2,570	8,572	6,604	15,176
1957........:	156	759	169	2	1,346	7/52	3,722	2,590	8,796	3,256	12,052
1958........:	158	697	180	3	1,304	7/40	3,645	2,390	8,417	4,402	12,819
1959........:	148	736	187	2	1,358	7/39	3,554	2,580	8,604	3,547	12,151
1960........:	151	634	195	2	1,401	18	3,572	2,570	8,543	5,086	13,629
1961........:	144	635	201	1	1,340	12	3,428	2,510	8,271	7,145	15,416
1962........:	121	651	237	1	1,288	9	3,107	2,460	7,874	7,005	14,879
1963........:	152	660	213	1	1,289	7	3,379	2,410	8,111	6,995	15,106
1964........:	121	658	186	0	1,209	7	3,319	2,430	7,930	5,114	13,044
1965........:	n.a.	555	161	0	1,218	7	3,306	2,550	8/7,797	3,177	8/10,974
1966........:	n.a.	574	152	1	1,237	6	3,288	2,500	8/7,758	3,229	8/10,987
1967........:	n.a.	567	150	4	1,237	6	3,221	2,510	8/7,695	3,485	8/11,180
1968........:	n.a.	557	138	1	1,258	5	3,344	2,460	8/7,763	3,350	8/11,113
1969 ....:	n.a.	578	127	1	1,255	5	3,293	2,397	8/7,656	4,167	8/11,823
1970........:	n.a.	635	128	5	1,189	5	3,084	2,352	8/7,398	3,400	8/10,798

44

Table 38.--Corn: Yield per hectare, prewar and 1950-70

Year	Eastern Europe									U.S.S.R.	U.S.S.R. and Eastern Europe
	Albania	Bulgaria	Czecho-slovakia	East Germany	Hungary	Poland	Romania	Yugo-slavia	Total		
	Centners										
Prewar......:	1/11.5	2/13.6	3/21.4	3/26.0	1/22.6	n.a.	3/10.4	4/16.4	5/	6/13.9	5/
1950........:	8.8	8.7	17.0	24.0	15.6	10.0	7.4	9.4	9.7	13.8	11.3
1951........:	9.5	17.0	21.8	29.3	24.5	12.1	10.8	17.1	15.8	n.a.	n.a.
1952........:	8.0	6.9	15.3	24.5	11.1	13.5	8.5	6.4	8.2	n.a.	n.a.
1953........:	13.4	13.8	28.8	24.0	22.4	16.6	11.2	15.9	15.2	10.6	13.7
1954........:	10.1	13.4	25.9	26.5	21.0	12.0	15.0	12.2	15.0	8.7	12.8
1955........:	14.3	19.4	24.4	20.7	22.6	17.2	18.0	15.8	18.3	18.9	18.5
1956........:	11.1	13.3	21.8	20.0	17.5	20.3	11.0	13.1	12.9	15.2	13.8
1957........:	13.6	19.4	26.5	19.9	24.0	25.1	17.0	21.9	19.8	14.2	18.3
1958........:	10.2	12.6	27.3	22.8	21.7	26.7	10.0	16.5	14.2	23.3	17.3
1959........:	13.5	20.2	28.0	21.8	26.2	21.4	16.0	25.8	21.1	16.0	19.6
1960........:	8.3	23.6	30.5	23.5	25.0	26.9	15.5	23.9	20.4	19.3	20.0
1961........:	10.7	22.2	24.7	20.0	20.3	27.6	16.7	18.1	18.2	23.9	20.9
1962........:	10.2	23.7	23.5	19.6	25.1	21.6	15.9	21.5	19.8	22.1	20.9
1963........:	12.6	26.0	29.3	17.6	27.6	22.1	17.8	22.3	21.5	15.9	18.9
1964........:	13.9	30.9	26.5	n.a.	29.0	23.4	20.2	28.6	25.1	27.1	25.8
1965........:	n.a.	22.1	27.9	n.a.	29.3	20.4	17.8	23.1	7/21.8	25.2	7/22.8
1966........:	n.a.	38.1	32.7	23.6	31.6	23.6	24.4	31.9	7/29.1	26.0	7/28.2
1967........:	n.a.	34.3	30.3	23.7	28.5	24.1	21.3	28.7	7/26.0	26.2	7/26.1
1968........:	n.a.	31.3	33.8	28.3	29.9	24.8	21.3	27.6	7/25.6	26.2	7/25.9
1969........:	n.a.	41.3	39.9	22.3	37.9	24.7	23.3	32.6	7/30.3	28.6	7/29.7
1970........:	n.a.	37.3	40.9	27.5	33.8	23.5	21.2	29.5	7/27.6	27.9	7/27.6

1/ 1938. 2/ 1939. 3/ 1934-38 average. 4/ 1930-39 average. 5/ Prewar yields not calculated because of different base years. 6/ 1940. 7/ Excludes Albania.

n.a. = Not available.

Table 39.--Corn: Production, prewar and 1950-70

Year	Eastern Europe									U.S.S.R.	U.S.S.R. and Eastern Europe
	Albania	Bulgaria	Czecho-slovakia	East Germany	Hungary	Poland	Romania	Yugo-slavia	Total		
	1,000 tons										
Prewar......	1/144	2/1,076	3/225	3/22	1/2,662	n.a.	3/4,056	4/4,300	5/	6/5,120	5/
1950........	109	654	218	6	1,805	4	2,101	2,090	6,987	6,644	13,631
1951........	117	1,279	302	6	2,833	26	3,100	4,040	11,703	n.a.	n.a.
1952........	97	487	212	4	1,172	34	2,520	1,470	5,996	n.a.	n.a.
1953........	159	961	430	3	2,602	36	3,225	3,840	11,256	3,697	14,953
1954........	121	974	382	4	2,550	31	4,953	3,000	12,015	3,699	15,714
1955........	162	1,492	391	9	2,912	123	5,877	3,900	14,866	11,574	26,440
1956........	169	1,056	399	4	2,034	90	3,932	3,370	11,054	9,861	20,915
1957........	212	1,492	445	4	3,233	38	6,338	5,660	17,422	4,621	22,043
1958........	160	882	479	7	2,833	34	3,657	3,950	12,002	10,226	22,228
1959........	200	1,506	503	4	3,558	19	5,680	6,670	18,140	5,653	23,793
1960........	126	1,505	572	5	3,504	47	5,531	6,160	17,450	9,823	27,273
1961........	154	1,424	461	3	2,715	33	5,740	4,550	15,080	17,100	32,180
1962........	123	1,556	471	3	3,240	19	4,932	5,270	15,614	15,474	31,088
1963........	192	1,732	578	3	3,551	14	6,023	5,380	17,473	11,143	28,616
1964........	169	2,056	465	0	3,509	18	6,692	6,960	19,869	13,849	33,718
1965........	n.a.	1,238	393	0	3,564	14	5,877	5,920	7/17,006	8,030	7/25,036
1966........	n.a.	2,207	476	2	3,907	13	8,022	7,980	7/22,607	8,400	7/31,007
1967........	n.a.	1,971	421	1	3,523	14	6,858	7,200	7/19,988	9,200	7/29,188
1968........	n.a.	1,768	453	2	3,764	13	7,105	6,810	7/19,915	8,828	7/28,743
1969........	n.a.	2,415	495	3	4,754	11	7,676	7,821	7/23,175	11,954	7/35,129
1970........	n.a.	2,375	513	14	4,013	12	6,536	6,933	7/20,396	9,400	7/29,769

1/ 1938. 2/ 1939. 3/ 1934-38 average. 4/ 1930-39 average. 5/ Prewar data not added because of different base years. 6/ 1940. 7/ Excludes Albania.

n.a. = Not available.

Table 40.--Rice, paddy: Area, prewar and 1950-70

Year	Eastern Europe									:U.S.S.R.:	U.S.S and Easte Europ
	:Albania :Bulgaria:		Czecho- slovakia	East Germany	Hungary	Poland	Romania	Yugo- slavia	Total		
	- 1,000 hectares - - - - - - - - - - - - - - - - - -										
Prewar......:	1/2/	3/9	0	0	1/0	0	4/2/	5/3	6/	7/175	6/
1950........:	2	12	0	0	15	0	17	3	49	139	188
1951........:	2	13	0	0	18	0	17	3	53	136	189
1952........:	2	15	0	0	20	0	21	3	61	134	195
1953........:	3	18	0	0	27	0	20	4	72	137	209
1954........:	3	17	0	0	42	0	15	8	85	136	227
1955........:	3	17	0	0	50	0	19	8	97	142	239
1956........:	2	16	0	0	46	0	17	6	87	148	235
1957........:	3	15	0	0	38	0	16	5	77	113	190
1958........:	2	13	0	0	33	0	17	6	71	106	177
1959........:	3	10	0	0	32	0	27	6	78	96	174
1960........:	3	10	0	0	28	0	21	6	68	95	163
1961........:	3	10	0	0	22	0	11	6	52	8/100	152
1962........:	3	12	0	0	19	0	6	6	46	8/100	146
1963........:	4	12	0	0	19	0	14	6	55	8/100	155
1964........:	4	11	0	0	18	0	20	6	59	8/200	259
1965........:	n.a.	11	0	0	17	0	19	6	9/53	217	270
1966........:	n.a.	12	0	0	19	0	20	5	9/56	242	298
1967........:	n.a.	14	0	0	20	0	22	4	60	276	336
1968........:	n.a.	14	0	0	21	0	25	5	65	301	366
1969........:	n.a.	16	0	0	22	0	29	7	74	328	402
1970........:	n.a.	14	0	0	23	0	28	8	73	340	413

1/ 1938. 2/ Less than 0.5. 3/ 1939. 4/ 1934-38 average. 5/ 1930-39 average. 6/ Prewar data not added because of different base years. 7/ 1940. 8/ Rounded figures. 9/ Excludes Albania.

n.a. = Not available.

Table 41.--Rice, paddy: Yield per hectare, prewar and 1950-70

Year	Albania	Bulgaria	Czecho-slovakia	East Germany	Hungary	Poland	Romania	Yugo-slavia	Total	U.S.S.R.	U.S.S.R. and Eastern Europe
							Eastern Europe				
					— Centners —						
Prewar	1/16.0	2/34.4	0	0	1/0	0	3/25.6	4/15	5/	6/17.3	5/
1950	17.6	32.2	0	0	33.5	0	20.9	23	27.6	14.6	17.9
1951	17.6	34.1	0	0	24.8	0	26.0	25	27.4	n.a.	n.a.
1952	20.6	29.3	0	0	24.3	0	23.5	25	25.4	n.a.	n.a.
1953	22.3	34.1	0	0	24.3	0	27.2	35	28.3	16.1	20.4
1954	27.0	35.1	0	0	16.3	0	32.3	34	24.8	16.3	19.1
1955	27.8	28.2	0	0	8.0	0	18.6	33	16.5	17.3	17.0
1956	22.2	35.2	0	0	20.8	0	21.8	37	24.6	16.9	19.7
1957	23.0	39.2	0	0	22.4	0	23.0	40	27.0	18.6	22.0
1958	19.3	33.4	0	0	22.3	0	22.1	38	25.6	20.1	22.5
1959	18.6	29.8	0	0	18.5	0	20.1	36	21.7	22.1	22.0
1960	15.5	33.7	0	0	16.2	0	23.9	39	22.5	19.7	8/21.0
1961	15.5	35.0	0	0	17.3	0	29.4	35	25.0	21.1	7/
1962	16.7	33.0	0	0	18.9	0	31.0	42	27.0	22.6	7/
1963	23.6	36.1	0	0	25.2	0	37.4	38	31.4	25.6	7/
1964	23.1	27.6	0	0	19.5	0	26.8	39	26.1	24.3	7/
1965	n.a.	31.0	0	0	12.3	0	24.5	42	8/23.8	26.9	8/26.1
1966	n.a.	39.6	0	0	16.4	0	27.1	46	8/28.2	28.7	29.1
1967	n.a.	41.6	0	0	21.3	0	30.8	46	27.8	31.8	37.8
1968	n.a.	28.8	0	0	19.3	0	23.9	36	20.9	34.1	32.8
1969	n.a.	37.4	0	0	22.6	0	23.6	40	22.7	33.7	31.8
1970	n.a.	38.7	0	0	19.1	0	23.3	42	21.0	36.4	34.7

1/ 1938. 2/ 1939. 3/ 1934-38 average. 4/ 1930-39 average. 5/ Prewar yields not calculated because of different base years. 6/ 1940. 7/ Not computed because USSR area data are rounded. 8/ Excludes Albania.

48

Table 42.--Rice, paddy: Production, prewar and 1950-70

Year	Eastern Europe									U.S.S.R.	U.S.S.R. and Eastern Europe
	Albania	Bulgaria	Czecho-slovakia	East Germany	Hungary	Poland	Romania	Yugo-slavia	Total		
	1,000 tons										
Prewar......:	1/1	2/31	0	0	1/0	0	3/1	4/4	5/	6/303	5/
1950........:	3	40	0	0	50	0	36	6	135	202	337
1951........:	3	46	0	0	44	0	45	7	145	n·a·	n.a.
1952........:	5	44	0	0	49	0	49	8	155	n.a.	n.a.
1953........:	6	61	0	0	66	0	55	16	204	222	426
1954........:	8	59	0	0	68	0	50	26	211	222	433
1955........:	10	49	0	0	40	0	35	26	160	246	406
1956........:	5	56	0	0	96	0	36	21	214	250	464
1957........:	7	57	0	0	86	0	36	22	208	211	419
1958........:	5	45	0	0	73	0	37	22	182	216	398
1959........:	5	29	0	0	59	0	55	21	169	214	383
1960........:	5	32	0	0	45	0	49	22	153	190	343
1961........:	5	36	0	0	38	0	31	20	130	250	380
1962........:	6	39	0	0	36	0	20	23	124	270	394
1963........:	9	42	0	0	48	0	51	23	173	380	553
1964........:	8	32	0	0	35	0	54	25	154	470	624
1965........:	n.a.	34	0	0	21	0	46	25	7/126	580	7/706
1966........:	n.a.	48	0	0	31	0	56	23	7/158	710	7/868
1967........:	n.a.	57	0	0	43	0	69	20	7/189	900	7/1,089
1968........:	n.a.	39	0	0	41	0	60	18	7/158	1,063	7/1,221
1969........:	n.a.	48	0	0	50	0	68	29	7/195	1,110	7/1,305
1970........:	n.a.	45	0	0	45	0	70	19	7/179	1,280	7/1,459

1/ 1938. 2/ 1939. 3/ 1934-38 average. 4/ 1930-39 average. 5/ Prewar data not added because of different base years. 6/ 1940. 7/ Excludes Albania.

n.a. = Not available.

Table 43.--Potatoes: Area, prewar and 1950-70

Year	Eastern Europe									U.S.S.R.	U.S.S.R. and Eastern Europe
	Albania	Bulgaria	Czecho-slovakia	East Germany	Hungary	Poland	Romania	Yugo-slavia	Total		
					1,000 hectares						
Prewar......:	1/2/	3/17	4/715	4/786	1/292	4/2,756	4/151	5/275	6/	7/7,696	6/
1950........:	4	30	660	812	280	2,616	228	241	4,871	8,534	13,405
1951........:	2	31	666	831	203	2,606	243	226	4,808	8,448	13,256
1952........:	3	36	669	829	225	2,619	243	240	4,864	8,209	13,073
1953........:	3	35	636	833	199	2,563	243	245	4,757	8,307	13,064
1954........:	4	35	330	834	236	2,648	250	256	4,593	8,709	13,302
1955........:	4	31	621	843	230	2,702	258	261	4,950	9,091	14,041
1956........:	3	28	630	783	220	2,714	256	268	4,902	9,197	14,099
1957........:	3	31	628	810	241	2,763	265	285	5,026	9,778	14,804
1958........:	3	34	607	769	240	2,758	270	277	4,958	9,525	14,483
1959........:	3	37	585	771	230	2,788	276	290	4,980	9,540	14,520
1960........:	3	42	569	770	253	2,876	292	288	5,093	9,144	14,237
1961........:	4	41	515	682	240	2,819	293	292	4,886	8,900	13,786
1962........:	4	43	508	742	209	2,910	298	301	5,015	8,700	13,715
1963........:	3	43	502	747	232	2,840	319	321	5,007	8,500	13,507
1964........:	4	41	491	745	210	2,830	306	320	4,947	8,500	13,447
1965........:	n.a.	37	444	725	207	2,765	298	320	8/4,796	8,612	8/13,408
1966........:	n.a.	34	437	694	198	2,732	306	333	8/4,734	8,392	8/13,126
1967........:	n.a.	33	408	686	169	2,741	315	330	8/4,682	8,331	8/13,013
1968........:	n.a.	31	372	672	150	2,720	316	332	8/4,593	8,301	8/12,894
1969........:	n.a.	29	325	604	140	2,718	305	330	8/4,451	8,100	8/12,551
1970........:	n.a.	31	338	667	137	2,732	286	330	8/4,521	8,100	8/12,621

1/ 1938. 2/ Less than 0.5. 3/ 1939. 4/ 1934-38 average. 5/ 1930-39 average. 6/ Prewar data not added because of different base years. 7/ 1940. 8/ Excludes Albania.

n.a. = Not available.

Table 44.--Potatoes: Yield per hectare, prewar and 1950-70

Year	Eastern Europe									U.S.S.R.	U.S.S.R. and Eastern Europe
	Albania	Bulgaria	Czecho-slovakia	East Germany	Hungary	Poland	Romania	Yugo-slavia	Total		
	Centners										
Prewar......	1/90.0	2/78.0	3/134.8	3/173.0	1/73.5	3/138	3/77.2	4/60	5/	6/99	5/
1950........	72.2	48.9	123.5	181.2	48.3	138	69.5	43	129.7	104	113.2
1951........	65.6	121.3	110.5	178.9	101.0	102	87.0	72	114.8	70	85.9
1952........	45.3	63.7	118.4	168.0	52.1	106	92.7	48	111.9	84	94.6
1953........	72.7	83.0	152.6	159.3	95.6	124	96.8	84	129.2	87	102.6
1954........	59.2	62.9	131.9	186.1	84.4	135	95.4	72	143.8	86	106.0
1955........	79.4	105.6	127.3	132.8	107.2	100	100.6	86	108.8	79	89.5
1956........	70.1	72.4	152.9	173.4	93.5	140	103.8	81	139.5	104	116.6
1957........	87.2	93.7	139.4	179.3	112.4	127	114.7	115	134.9	90	105.1
1958........	60.2	68.3	109.1	149.5	108.3	126	101.8	94	123.3	91	101.9
1959........	87.6	102.7	108.7	161.3	102.8	128	103.6	94	126.3	91	102.9
1960........	67.7	100.0	90.0	192.4	105.1	132	102.8	112	131.9	92	106.8
1961........	72.1	95.0	104.0	123.7	68.1	160	97.5	91	136.3	95	109.5
1962........	54.3	74.0	98.9	179.0	90.1	130	86.7	86	126.8	80	97.2
1963........	76.1	83.3	129.6	172.6	87.4	158	83.6	93	144.6	84	106.8
1964........	90.1	104.8	156.0	172.8	78.6	169	85.3	86	153.6	110	126.2
1965........	n.a.	69.6	84.6	177.2	71.9	154	72.9	73	7/136.6	103	7/115.0
1966........	n.a.	113.4	134.0	184.8	122.8	169	108.4	95	7/155.8	105	7/117.5
1967........	n.a.	106.1	148.3	205.0	89.4	176	97.9	84	7/162.5	115	7/131.8
1968........	n.a.	114.0	175.6	188.1	89.2	185	115.9	86	7/169.2	123	7/139.5
1969........	n.a.	119.5	159.0	146.2	113.5	165	70.1	94	7/148.7	113	7/125.8
1970........	n.a.	117.8	142.1	195.7	104.1	184	70.6	89	7/165.7	120	7/136.1

1/ 1938. 2/ 1939. 3/ 1934-38 average. 4/ 1930-39 average. 5/ Prewar yields not calculated because of different base years. 6/ 1940. 7/ Excludes Albania.

n.a. = Not available.

Table 45.--Potatoes: Production, prewar and 1950-70

Year	Eastern Europe									U.S.S.R.	U.S.S.R. and Eastern Europe
	Albania	Bulgaria	Czecho-slovakia	East Germany	Hungary	Poland	Romania	Yugo-slavia 1/	Total		
						1,000 tons					
Prewar......:	2/4	3/136	4/9,635	4/13,567	2/2,141	4/38,036	4/1,165	5/1,650		6/ 7/75,874	6/
1950........:	26	150	8,156	14,706	1,350	36,130	1,587	1,050	63,155	88,612	151,767
1951........:	15	421	7,356	14,872	2,052	26,696	2,114	1,650	55,176	58,754	113,930
1952........:	13	268	7,924	13,935	1,170	27,725	2,254	1,150	54,439	69,189	123,628
1953........:	22	325	9,702	13,273	1,901	31,800	2,351	2,100	61,474	72,572	134,046
1954........:	25	267	8,314	15,520	1,991	35,662	2,387	1,880	66,046	75,021	141,067
1955........:	30	364	7,905	11,194	2,467	27,021	2,597	2,270	53,848	71,751	125,599
1956........:	19	212	9,635	13,565	2,055	38,052	2,660	2,190	68,388	96,015	164,403
1957........:	26	313	8,756	14,529	2,707	35,104	3,037	3,310	67,782	87,813	155,595
1958........:	16	251	6,589	11,498	2,600	34,800	2,753	2,620	61,127	86,527	147,654
1959........:	26	421	6,334	12,436	2,366	35,698	2,862	2,760	62,903	86,561	149,464
1960........:	23	478	5,093	14,821	2,656	37,855	2,997	3,270	67,193	84,374	151,567
1961........:	30	445	5,331	8,430	1,630	45,203	2,861	2,690	66,620	84,310	150,930
1962........:	20	361	5,002	13,284	1,882	37,817	2,587	2,630	63,583	69,677	133,260
1963........:	24	415	6,506	12,886	2,026	44,868	2,663	3,020	72,408	71,834	144,242
1964........:	34	497	7,656	12,872	1,650	47,860	2,609	2,820	75,998	93,642	169,640
1965........:	n.a.	285	3,678	12,857	1,485	42,665	2,169	2,380	8/65,519	88,676	8/154,195
1966........:	n.a.	421	5,846	12,823	2,433	45,798	3,323	3,230	8/73,774	87,853	8/161,627
1967........:	n.a.	381	6,037	14,065	1,507	48,214	3,085	2,800	8/76,089	95,464	8/171,553
1968........:	n.a.	369	6,526	12,639	1,335	50,280	3,665	2,890	8/77,704	102,184	8/179,888
1969........:	n.a.	357	5,180	8,832	1,590	44,935	2,138	3,144	8/66,176	91,779	8/157,955
1970........:	n.a.	374	4,793	13,054	1,430	50,301	2,036	2,922	8/74,922	96,783	8/171,705

1/ Includes intercroppings. 2/ 1938. 3/ 1939. 4/ 1934-38 average. 5/ 1930-39 average. 6/ Prewar data not added because of different base years. 7/ 1940. 8/ Excludes Albania.

n.a. = Not available.

52

Table 46.--Sugarbeets: Area, prewar and 1950-70

Year	Eastern Europe									U.S.S.R.	U.S.S.R. and Eastern Europe
	Albania	Bulgaria	Czecho-slovakia	East Germany	Hungary	Poland	Romania	Yugo-slavia	Total		
					- - - - 1,000 hectares - - - -						
Prewar......:	1/0	2/13	3/4/166	3/184	1/44	3/225	3/26	5/35	6/	7/1,226	6/
1950........:	1	39	221	211	112	287	72	98	1,041	1,308	2,349
1951........:	5	43	244	216	118	319	90	100	1,135	1,389	2,524
1952........:	5	42	232	216	112	348	100	76	1,131	1,458	2,588
1953........:	6	48	232	213	125	362	112	84	1,182	1,570	2,752
1954........:	4	50	215	216	104	381	107	79	1,156	1,604	2,760
1955........:	6	48	216	215	113	392	145	70	1,205	1,759	2,964
1956........:	6	56	222	200	116	364	139	70	1,173	2,009	3,182
1957........:	6	63	227	219	84	338	131	83	1,151	2,109	3,260
1958........:	5	61	234	223	109	358	141	71	1,202	2,497	3,699
1959........:	6	66	242	234	122	376	201	81	1,328	2,754	4,082
1960........:	6	68	242	238	133	401	200	78	1,366	3,040	4,406
1961........:	6	69	252	218	130	420	172	80	1,347	3,120	4,467
1962........:	5	72	260	232	125	430	155	75	1,354	3,170	4,524
1963........:	6	69	259	232	118	372	178	96	1,330	3,750	5,080
1964........:	6	77	243	230	133	444	190	88	1,411	4,110	5,521
1965........:	n.a.	68	220	221	121	476	190	80	8/1,376	3,882	8/5,258
1966........:	n.a.	63	225	211	108	435	194	106	8/1,342	3,803	8/5,145
1967.......:	n.a.	61	198	209	104	434	176	102	8/1,284	3,797	8/5,081
1968........:	n.a.	54	188	204	104	414	185	79	8/1,228	3,560	8/4,788
1969........:	n.a.	58	176	192	97	409	188	95	8/1,215	3,384	8/4,599
1970........:	n.a.	57	178	192	76	408	170	85	8/1,166	3,370	8/4,536

1/ 1938. 2/ 1939. 3/ 1934-38 average. 4/ Includes about 2,000 hectares for seeds. 5/ 1930-39 average. 6/ Prewar data not added because of different base years. 7/ 1940. 8/ Excludes Albania.

n.a. = Not available.

Table 47.--Sugarbeets: Yield per hectare, prewar and 1950-70

Year	Eastern Europe									U.S.S.R.	U.S.S.R. and Eastern Europe
	Albania	Bulgaria	Czecho-slovakia	East Germany	Hungary	Poland	Romania	Yugo-slavia	Total		
	Centners										
Prewar......:	1/0	2/176.6	3/285.8	3/291.0	1/219.6	3/265	3/153.5	4/176	5/	6/146	5/
1950........:	45.1	85.2	284.7	273.1	146.0	222	88.4	86	210.3	159	126.3
1951........:	151.1	191.2	213.5	279.4	229.4	168	158.4	193	208.0	170	187.2
1952........:	95.0	90.0	205.5	293.0	116.4	177	89.2	67	180.3	152	165.0
1953........:	127.0	161.1	241.1	284.8	202.3	190	116.1	180	209.1	148	174.0
1954........:	91.4	133.9	261.1	321.9	184.2	183	131.3	159	214.3	124	161.7
1955........:	197.9	133.2	285.1	265.9	198.3	186	138.0	198	211.4	176	190.7
1956........:	116.4	183.9	206.7	215.6	168.5	177	109.3	163	178.5	162	167.9
1957........:	178.4	235.7	298.3	295.2	222.9	225	155.5	246	246.3	188	208.6
1958........:	130.4	143.6	299.1	312.7	190.6	235	122.4	207	237.8	218	224.0
1959........:	252.7	216.7	205.6	198.9	219.5	159	171.1	297	193.7	159	170.7
1960........:	126.0	245.3	346.3	287.6	253.3	256	170.2	294	265.4	191	213.3
1961........:	146.5	213.9	280.3	213.8	181.2	275	169.2	215	235.0	164	184.8
1962........:	146.5	165.5	228.4	213.8	211.6	234	140.8	251	204.8	150	168.3
1963........:	157.0	162.2	314.2	266.0	290.4	287	128.7	277	259.2	118	154.6
1964........:	238.4	270.3	293.1	261.3	267.7	283	192.8	320	271.7	199	216.5
1965........:	n.a.	206.4	261.0	263.1	286.4	259	172.4	329	7/250.9	188	7/203.1
1966........:	n.a.	404.4	341.0	313.5	330.6	313	224.8	380	7/316.6	195	7/226.5
1967........:	n.a.	342.2	376.1	332.6	324.0	358	217.5	363	7/335.1	230	7/256.1
1968........:	n.a.	264.5	417.9	343.8	334.0	357	213.1	369	7/338.9	266	7/284.0
1969........:	n.a.	282.3	321.6	253.2	340.0	276	201.2	381	7/282.6	211	7/229.4
1970........:	n.a.	309.5	369.6	320.1	287.0	312	186.9	346	7/304.6	237	7/252.3

1/ 1938. 2/ 1939. 3/ 1934-38 average. 4/ 1930-39 average. 5/ Prewar yields not calculated.because of different base years. 6/ 1940. 7/ Excludes Albania.

n.a. = Not available.

Table 48.--Sugarbeets: Production, prewar and 1950-70

Year	Eastern Europe									U.S.S.R.	U.S.S.R. and Eastern Europe
	Albania	Bulgaria	Czecho- slovakia	East Germany	Hungary	Poland	Romania	Yugo- slavia	Total		
	- 1,000 tons - - - - - - - - - - - - - - - - - - -										
Prewar......:	1/0	2/234	3/4,664	3/5,412	1/969	3/5,959	3/392	4/616	5/	6/18,015	5/
1950........:	6	332	6,296	5,754	1,640	6,377	633	851	21,889	20,819	42,708
1951........:	70	839	5,203	6,048	2,712	5,363	1,430	1,940	23,605	23,633	47,238
1952........:	48	381	4,760	6,336	1,308	6,158	890	512	20,393	22,207	42,600
1953........:	73	782	5,588	6,062	2,523	6,881	1,300	1,510	24,719	23,173	47,892
1954........:	41	650	5,603	6,952	1,924	6,950	1,408	1,250	24,778	19,844	44,622
1955........:	110	596	6,152	5,712	2,241	7,286	2,000	1,380	25,477	31,049	56,526
1956........:	64	943	4,585	4,324	1,948	6,428	1,519	1,130	20,941	32,488	53,429
1957........:	98	1,434	6,775	6,465	1,878	7,621	2,043	2,030	28,344	39,672	68,016
1958........:	70	882	6,946	6,976	2,070	8,427	1,732	1,480	28,583	54,392	82,975
1959........:	145	1,450	4,946	4,659	2,679	5,975	3,446	2,420	25,720	43,942	69,662
1960........:	73	1,650	8,368	6,837	3,370	10,262	3,399	2,290	36,249	57,728	93,977
1961........:	83	1,463	6,894	4,657	2,356	11,555	2,911	1,730	31,649	50,911	82,560
1962........:	79	1,121	5,811	4,970	2,653	10,075	2,180	1,870	28,759	47,435	76,194
1963........:	94	1,122	8,018	6,176	3,434	10,661	2,298	2,670	34,473	44,052	78,525
1964........:	135	2,100	7,474	6,003	3,554	12,574	3,668	2,830	38,338	81,174	119,512
1965........:	n.a.	1,392	5,662	5,804	3,452	12,314	3,275	2,620	7/34,519	72,276	7/106,795
1966........:	n.a.	2,528	7,762	6,611	3,570	13,620	4,368	4,030	7/42,489	74,037	7/116,526
1967........:	n.a.	2,032	7,663	6,948	3,356	15,521	3,830	3,680	7/43,030	87,111	7/130,141
1968........:	n.a.	1,407	8,098	6,998	3,471	14,800	3,936	2,910	7/41,620	94,340	7/135,960
1969........:	n.a.	1,628	5,809	4,856	3,301	11,321	3,783	3,636	7/34,334	71,158	7/105,492
1970........:	n.a.	1,714	6,644	6,135	2,174	12,742	3,175	2,937	7/35,521	78,942	7/114,463

1/ 1938. 2/ 1939. 3/ 1934-38 average. 4/ 1930-39 average. 5/ Prewar data not added because of different base years. 6/ 1940. 7/ Excludes Albania.
n.a. = Not available.

Table 49.--Sunflower seed: Area, prewar and 1950-70

Year	Eastern Europe									U.S.S.R.	U.S.S.R. and Eastern Europe
	Albania	Bulgaria	Czecho-slovakia	East Germany	Hungary	Poland	Romania 1/	Yugo-slavia	Total		
	1,000 hectares										
Prewar	n.a.	2/178	0	0	3/7	0	4/56	5/6	6/	7/3,543	6/
1950	7	216	0	0	278	0	496	110	1,107	3,589	4,696
1951	n.a.	234	0	0	253	0	375	101	8/963	3,608	8/4,571
1952	n.a.	228	0	0	200	0	375	88	8/891	3,671	8/4,562
1953	n.a.	222	0	0	248	0	385	94	8/949	3,902	8/4,851
1954	n.a.	230	0	0	175	0	336	125	8/866	4,027	8/4,893
1955	n.a.	204	0	0	164	0	300	104	8/772	4,238	8/5,010
1956	n.a.	191	0	0	149	0	294	73	8/707	4,510	8/5,217
1957	n.a.	186	0	0	75	0	286	82	8/629	3,455	8/4,084
1958	n.a.	200	0	0	85	0	352	74	8/711	3,907	8/4,618
1959	n.a.	236	0	0	97	0	513	86	8/932	3,896	8/4,828
1960	n.a.	236	0	0	69	0	480	74	8/859	4,190	8/5,049
1961	n.a.	231	0	0	128	0	440	86	8/885	4,210	8/5,095
1962	n.a.	272	0	0	124	0	428	97	8/921	4,390	8/5,311
1963	5	254	0	0	120	0	464	140	978	4,390	8/5,368
1964	6	238	0	0	108	0	467	146	959	4,610	8/5,569
1965	n.a.	267	0	0	95	0	462	159	8/983	4,870	8/5,853
1966	n.a.	254	0	0	94	0	468	154	8/970	5,004	8/5,974
1967	n.a.	268	0	0	83	0	481	147	8/979	4,767	8/5,746
1968	n.a.	280	0	0	78	0	520	161	/1,039	4,860	8/5,899
1969	n.a.	287	0	0	85	0	533	219	/1,124	4,770	8/5,894
1970	n.a.	278	0	0	91	0	604	194	8/1,167	4,780	8/5,947

1/ Does not include area from intercropping. 2/ 1939. 3/ 1938. 4/ 1934-38 average. 5/ 1930-39 average. 6/ Prewar data not added because of different base years. 7/ 1940. 8/ Excludes Albania.

n.a. = Not available.

Table 50.--Sunflower seed: Yield per hectare, prewar and 1950-70

| Year | Eastern Europe | | | | | | | | | U.S.S.R. | U.S.S.R. and Eastern Europe |
	Albania	Bulgaria	Czecho-slovakia	East Germany	Hungary	Poland	Romania	Yugo-slavia	Total		
							Centners				
Prewar......:	n.a.	1/9.6	0	0	2/10.9	0	3/8.7	4/15.2	5/	6/7.4	5/
1950........:	5.0	7.5	0	0	8.5	0	4.2	6.3	6.1	5.0	5.3
1951........:	n.a.	10.9	0	0	11.6	0	6.0	9.4	7/9.0	4.8	7/5.7
1952........:	n.a.	8.0	0	0	7.6	0	5.7	5.8	7/6.7	6.0	7/6.2
1953........:	n.a.	10.0	0	0	11.8	0	8.3	12.1	7/10.0	6.7	7/7.4
1954........:	n.a.	10.4	0	0	10.6	0	8.2	10.0	7/9.5	4.7	7/5.6
1955........:	n.a.	12.3	0	0	11.3	0	9.0	9.9	7/10.5	8.9	7/9.2
1956........:	n.a.	9.8	0	0	10.3	0	7.3	8.1	7/8.7	8.7	7/8.7
1957........:	n.a.	11.2	0	0	12.0	0	8.5	11.4	7/10.1	8.1	7/8.4
1958........:	n.a.	11.1	0	0	11.8	0	7.7	10.8	7/9.5	11.8	7/11.5
1959........:	n.a.	11.7	0	0	11.8	0	10.0	13.2	7/11.0	7.7	7/8.4
1960........:	n.a.	14.5	0	0	9.7	0	10.7	13.3	7/11.9	9.4	7/9.9
1961........:	n.a.	13.0	0	0	8.2	0	10.8	13.7	7/11.3	11.2	7/11.3
1962........:	n.a.	13.1	0	0	10.6	0	10.5	16.5	7/11.9	10.9	7/11.1
1963........:	10.4	13.2	0	0	10.5	0	10.9	16.4	12.2	9.7	10.2
1964........:	10.3	14.1	0	0	10.6	0	11.1	17.8	12.8	13.1	13.1
1965........:	n.a.	13.4	0	0	7.9	0	12.2	16.7	7/12.8	11.1	7/11.5
1966........:	n.a.	16.6	0	0	10.8	0	14.4	18.2	7/15.2	12.2	7/12.8
1967........:	n.a.	17.8	0	0	9.6	0	15.0	17.0	7/15.6	13.8	7/14.2
1968........:	n.a.	16.3	0	0	12.0	0	14.0	19.2	7/15.3	13.7	7/14.0
1969........:	n.a.	18.8	0	0	13.4	0	14.0	17.8	7/16.0	13.3	7/13.8
1970........:	n.a.	14.6	0	0	10.1	0	12.8	13.6	7/13.1	12.8	7/12.9

1/ 1939. 2/ 1938. 3/ 1934-38 average. 4/ 1930-39 average. 5/ Prewar yields not calculated because of different base years. 6/ 1940. 7/ Excludes Albania.

n.a. = Not available.

Table 51.--Sunflower seed: Production, prewar and 1950-70

Year	Eastern Europe									U.S.S.R.	U.S.S.R. and Eastern Europe
	Albania	Bulgaria	Czecho-slovakia	East Germany	Hungary	Poland	Romania 1/	Yugo-slavia	Total		
	1,000 tons										
Prewar	n.a.	2/171	0	0	3/7	0	4/48	5/9	6/	7/2,636	6/
1950	3	162	0	0	237	0	208	69	679	1,798	2,477
1951	n.a.	258			295		223	94	8/870	1,739	8/2,609
1952	n.a.	184			154		212	51	8/601	2,205	8/2,806
1953	n.a.	223			294		320	113	8/950	2,630	8/3,580
1954	n.a.	240			185		277	125	8/827	1,909	8/2,736
1955	n.a.	253	8	8	187	8	270	102	8/812	3,797	8/4,609
1956	n.a.	193			152		214	59	8/618	3,947	8/4,565
1957	n.a.	209			90		243	93	8/635	2,801	8/3,436
1958	n.a.	221			100		272	80	8/673	4,626	8/5,299
1959	n.a.	279			115		514	114	8/1,022	3,019	8/4,041
1960	n.a.	344	8	8	68	8	512	98	8/1,022	3,967	8/4,989
1961	n.a.	301			105		475	117	8/998	4,753	8/5,751
1962	n.a.	357			131		448	161	8/1,097	4,795	8/5,892
1963	5	336		0	126		505	231	1,198	4,285	5,483
1964	6	337			114		517	260	1,228	6,058	7,286
1965	n.a.	357	8	0	75	8	563	265	8/1,260	5,449	8/6,709
1966	n.a.	423			102		671	282	8/1,478	6,150	8/7,628
1967	n.a.	478			79		720	250	8/1,527	6,608	8/8,135
1968	n.a.	459			93		730	309	8/1,591	6,685	8/8,275
1969	n.a.	545			114		747	390	8/1,796	6,358	8/8,154
1970	n.a.	407	8	8	92	8	770	264	8/1,533	6,144	8/7,677

1/ Does not include production from intercropping. 2/ 1939. 3/ 1938. 4/ 1934-38 average. 5/ 1930-39 average. 6/ Prewar data not added because of different base years. 7/ 1940. 8/ Excludes Albania.

n.a. = Not available.

Table 52.--Rapeseed: Area, prewar and 1950-70

Year	Eastern Europe: Albania	Bulgaria	Czecho-slovakia 1/	East Germany	Hungary	Poland	Romania	Yugo-slavia	Total	U.S.S.R.	U.S.S.R. and Eastern Europe
	1,000 hectares										
Prewar......	0	2/20	3/5	3/20	4/11	3/48	3/42	5/12	6/	n.a.	n.a.
1950........	0	22	22	92	4	140	14	9	303	120	423
1951........	0	39	33	104	4	175	16	16	387	n.a.	n.a.
1952........	0	49	31	95	5	148	19	10	357	n.a.	n.a.
1953........	0	50	34	109	4	145	27	15	384	n.a.	n.a.
1954........	0	2	26	92	2	142	21	5	290	n.a.	n.a.
1955........	0	9	32	124	3	146	24	11	349	69	418
1956........	0	2	33	119	3	107	22	8	294	n.a.	n.a.
1957........	0	7/	33	136	1	112	12	4	298	n.a.	n.a.
1958........	0	3	39	134	2	89	18	9	294	n.a.	n.a.
1959........	0	1	46	130	2	92	13	7	291	n.a.	n.a.
1960........	0	6	39	118	3	108	18	7	299	10	309
1961........	0	21	55	123	10	165	10	8	392	n.a.	n.a.
1962........	0	9	34	105	3	250	7/	2	403	n.a.	n.a.
1963........	0	3	38	107	5	193	7/	3	349	n.a.	n.a.
1964........	0	4	48	118	6	236	7/	3	415	n.a.	n.a.
1965........	0	1	51	112	6	274	7/	3	447	8	455
1966........	0	7/	48	114	7	272	7/	3	444	7	451
1967........	0	1	49	117	6	315	0	4	492	9	501
1968........	0	7/	52	120	12	361	0	5	550	7	557
1969........	0	7/	35	106	18	149	0	6	314	3	317
1970........	0	7/	35	98	29	298	0	6	466	4	470

1/ Includes mustard. 2/ 1939. 3/ 1934-38 average. 4/ 1938. 5/ 1930-39 average. 6/ Prewar data not added because of different base years. 7/ Less than 0.5.

n.a. = Not available.

Table 53.--Rapeseed: Yield per hectare, prewar and 1950-70

Year	Eastern Europe									U.S.S.R.	U.S.S.R. and Eastern Europe
	Albania	Bulgaria	Czechoslovakia 1/	East Germany	Hungary	Poland	Romania	Yugoslavia	Total		
	Centners										
Prewar......	0	2/6.0	3/14.7	3/19.0	4/10.1	n.a.	3/5.8	5/6.4	6/	n.a.	n.a.
1950........	0	4.9	9.2	13.1	13.7	7/7.2	.8	5.6	8.7	6.5	8.1
1951........	0	5.9	12.7	16.7	9.0	7/6.9	3.9	5.4	9.7	n.a.	n.a.
1952........	0	6.2	9.5	11.0	5.6	7/5.4	3.9	5.1	7.2	n.a.	n.a.
1953........	0	4.9	7.8	10.4	8.2	7/5.4	4.2	7.8	7.0	n.a.	n.a.
1954........	0	4.6	7.9	11.9	6.3	7.1	3.3	5.4	8.3	n.a.	n.a.
1955........	0	6.8	13.1	16.0	9.4	10.4	4.1	7.5	12.0	9.6	11.6
1956........	0	5.9	14.6	14.0	7.6	7.5	3.4	5.9	10.5	n.a.	n.a.
1957........	0	4.2	11.8	13.2	8.7	9.0	4.6	7.4	11.0	n.a.	n.a.
1958........	0	8.1	12.4	9.6	8.6	9.0	3.4	7.9	9.3	n.a.	n.a.
1959........	0	6.9	15.8	14.6	11.1	14.3	5.1	10.6	14.1	n.a.	n.a.
1960........	0	8.3	14.0	15.4	10.4	13.6	6.2	9.6	13.7	6.0	13.5
1961........	0	7.0	15.5	14.1	10.1	15.6	5.6	11.2	14.1	n.a.	n.a.
1962........	0	6.7	14.0	15.8	11.5	14.6	5.6	8.8	14.5	n.a.	n.a.
1963........	0	4.6	11.1	11.9	9.9	11.8	5.1	8.3	11.6	n.a.	n.a.
1964........	0	5.1	9.7	14.9	12.9	11.3	6.1	11.5	12.1	n.a.	n.a.
1965........	0	10.6	14.6	19.1	13.7	18.4	15.6	11.6	18.0	10.6	17.8
1966........	0	4.0	16.3	18.5	12.7	16.5	1.0	10.6	10.6	10.6	18.0
1967........	0	12.6	17.3	23.3	12.7	20.7	0	13.1	20.8	10.1	20.6
1968........	0	7.5	14.1	22.2	9.5	19.7	0	13.5	19.4	5.3	19.3
1969........	0	9.2	13.7	15.5	12.5	13.7	0	16.8	14.2	6.8	14.2
1970........	0	7.0	18.2	18.4	16.1	19.0	0	16.1	18.6	7.7	18.5

1/ Includes mustard. 2/ 1939. 3/ 1934-38 average. 4/ 1938. 5/ 1930-39 average. 6/ Prewar yields not calculated because of different base years. 7/ Calculated.

n.a. = Not available.

Table 54.--Rapeseed: Production, prewar and 1950-70

Year	Eastern Europe									U.S.S.R.	U.S.S.R. and Eastern Europe
	Albania	Bulgaria	Czecho-slovakia 1/	East Germany	Hungary	Poland	Romania	Yugo-slavia	Total		
	1,000 tons										
Prewar......	0	2/12	3/7	3/38	4/11	n.a.	3/24	5/8	6/	n.a.	n.a.
1950........	0	11	20	120	5	101	1	5	263	78	341
1951........	0	23	42	174	3	120	6	8	376	n.a.	n.a.
1952........	0	30	30	104	3	80	7	5	259	n.a.	n.a.
1953........	0	24	26	114	3	79	11	12	269	n.a.	n.a.
1954........	0	1	21	109	1	100	7	3	242	n.a.	n.a.
1955........	0	6	43	197	3	152	10	8	419	66	485
1956........	0	1	48	166	2	80	8	5	310	n.a.	n.a.
1957........	0	7/	39	179	1	101	6	3	329	n.a.	n.a.
1958........	0	2	48	128	2	80	6	7	273	n.a.	n.a.
1959........	0	1	73	189	2	131	7	7	410	n.a.	n.a.
1960........	0	5	55	182	3	147	11	7	410	6	416
1961........	0	15	84	173	10	257	6	9	554	n.a.	n.a.
1962........	0	6	48	165	4	361	7/	2	586	n.a.	n.a.
1963........	0	1	41	128	5	227	7/	2	404	n.a.	n.a.
1964........	0	2	46	176	8	267	7/	4	503	n.a.	n.a.
1965........	0	1	74	214	8	504	7/	3	804	8	812
1966........	0	7/	78	211	9	448	7/	3	746	8	754
1967........	0	1	85	273	8	651	0	5	1,023	9	1,032
1968........	0	7/	73	265	12	712	0	7	1,069	4	1,073
1969........	0	7/	48	163	22	204	0	9	446	3	449
1970........	0	7/	63	180	46	566	0	10	865	4	869

1/ Includes mustard. 2/ 1939. 3/ 1934-38 average. 4/ 1938. 5/ 1930-39 average. 6/ Prewar data not added because of different base years. 7/ Less than 0.5.

n.a. = Not available.

Table 55.--Cotton, raw: Area, prewar and 1950-70

Year	Eastern Europe									:U.S.S.R.:	U.S.S.R. and Eastern Europe
	:Albania:Bulgaria:		Czecho-slovakia	East Germany	Hungary	Poland	Romania	Yugo-slavia	Total		
	- - - - - - - - - - - - - - - - - - - 1,000 hectares - - - - - - - - - - - - - - - - - - -										
Prewar......:	1/	2/29.7	0	0	0	0	3/.9	4/2.1	5/	6/2,076	5/
1950........:	15.8	79.3	0	0	0	0	94.2	26.0	215.3	2,316	2,531.3
1951........:	20.4	106.4					149.6	15.9	292.3	2,722	3,014.3
1952........:	18.3	147.9					199.5	7.2	372.9	2,833	3,205.9
1953........:	25.0	184.8					224.1	7.2	441.1	1,878	2,319.1
1954........:	19.5	144.9	0	0	0	0	172.3	11.8	348.5	2,202	2,550.5
1955........:	19.0	131.7					169.2	14.0	333.9	2,198	2,531.9
1956........:	20.2	95.6					112.7	13.2	241.7	2,065	2,306.7
1957........:	21.5	69.5					60.0	12.6	163.6	2,092	2,255.6
1958........:	24.1	68.4					14.0	13.1	119.6	2,150	2,269.6
1959........:	24.2	78.3	0	0	0	0	14.9	12.9	130.3	2,152	2,282.3
1960........:	21.6	78.5					1.9	11.8	113.8	2,190	2,303.8

62

Table 56.--Cotton, raw: Yield per hectare, prewar and 1950-70

Year	Eastern Europe									U.S.S.R.	U.S.S.R. and Eastern Europe
	Albania	Bulgaria	Czecho-slovakia	East Germany	Hungary	Poland	Romania	Yugo-slavia	Total		
					Centners						
Prewar......:	1/5.0	2/6.9	0	0	0	0	3/5.5	4/6.4	5/	6/10.8	5/
1950........:	4.4	4.0	0	0	0	0	2.9	1.8	3.3	15.3	14.2
1951........:	4.8	5.9	0	0	0	0	4.5	2.3	4.9	13.7	12.8
1952........:	5.1	2.5	0	0	0	0	1.7	2.5	2.2	13.3	12.0
1953........:	4.8	4.6	0	0	0	0	4.0	4.2	4.3	20.5	17.4
1954........:	4.0	5.8	0	0	0	0	4.6	4.5	5.0	19.1	17.2
1955........:	6.5	4.6	0	0	0	0	1.2	6.4	3.1	17.7	15.7
1956........:	4.5	4.1	0	0	0	0	1.7	4.6	3.0	21.0	19.1
1957........:	7.4	7.0	0	0	0	0	2.1	7.9	5.3	20.1	19.0
1958........:	7.2	6.8	0	0	0	0	3.5	5.0	6.3	20.2	19.4
1959........:	8.7	6.6	0	0	0	0	2.3	6.7	7.0	21.6	20.7
1960........:	7.4	8.1	0	0	0	0	6.1	6.7	7.8	19.6	19.0
1961........:	8.0	4.0	0	0	0	0	3.7	6.0	5.2	19.3	18.8
1962........:	8.5	8.9	0	0	0	0	8.8	6.5	8.5	18.0	17.7
1963........:	10.2	7.6	0	0	0	0	1.4	8.6	8.4	21.0	20.6
1964........:	10.0	9.4	0	0	0	0	0	7.6	9.4	21.5	21.1
1965........:	n.a.	8.3	0	0	0	0	0	6.7	7/8.0	23.2	7/22.9
1966........:	n.a.	13.9	0	0	0	0	0	7.5	7/13.1	24.3	7/24.0
1967........:	n.a.	11.0	0	0	0	0	0	10.3	7/10.9	24.5	7/24.1
1968........:	n.a.	7.2	0	0	0	0	0	7.1	7/7.2	24.3	7/24.0
1969........:	n.a.	9.3	0	0	0	0	0	8.2	7/9.1	22.5	7/22.1
1970........:	n.a.	8.6	0	0	0	0	0	8.8	7/8.7	25.1	7/24.7

1/ 1938. 2/ 1939. 3/ 1934-38 average. 4/ 1930-39 average. 5/ Prewar yields not calculated because of different base years. 6/ 1940. After 1955 all cotton irrigated. Data through 1955 includes irrigated and unirrigated.
7/ Excludes Albania.
n.a. = Not available.

63

Table 57.--Cotton, raw: Production, prewar and 1950-70

Year	Eastern Europe: Albania	Bulgaria	Czecho-slovakia	East Germany	Hungary	Poland	Romania	Yugo-slavia	Total	U.S.S.R.	U.S.S.R. and Eastern Europe
	1,000 tons										
Prewar......	1/	2/20.6	0	0	0	0	3/.5	4/1.4	5/	6/2,237	5/
1950........	6.9	31.7	0	0	0	0	27.1	4.8	70.5	3,539	3,609.5
1951........	9.9	63.3			0	0	67.0	3.6	143.8	3,727	3,870.8
1952........	9.4	37.8			0	0	34.8	1.8	83.8	3,780	3,863.8
1953........	12.0	86.3			0	0	89.0	3.0	190.3	3,853	4,043.3
1954........	7.8	83.8			0	0	78.7	5.3	175.6	4,200	4,375.6
1955........	12.3	61.4	8	8	0	0	20.0	8.9	102.6	3,881	3,983.6
1956........	9.0	39.6			0	0	19.1	6.1	73.8	4,332	4,405.8
1957........	16.0	48.8			0	0	12.7	10.0	87.5	4,211	4,298.5
1958........	17.3	46.6			0	0	4.9	6.5	75.3	4,340	4,415.3
1959........	21.0	57.7			0	0	3.4	8.6	90.7	4,645	4,735.7
1960........	16.1	64.0	8	8	0	0	1.1	7.3	88.5	4,289	4,377.5
1961........	18.4	23.8			0	0	1/	6.1	48.3	4,518	4,566.3
1962........	18.6	48.8			0	0	1/	6.1	73.5	4,304	4,377.5
1963........	23.1	39.8			0	0	1/	9.0	71.9	5,210	5,281.9
1964........	23.1	43.1			0	0	0	7.5	73.7	5,285	5,358.7
1965........	n.a.	38.0	8	8	0	0	0	5.5	7/43.5	5,662	7/5,705.5
1966........	n.a.	69.0			0	0	0	6.0	7/75.0	5,981	7/6,056.0
1967........	n.a.	55.6			0	0	0	10.3	7/65.9	5,970	7/6,035.9
1968........	n.a.	31.1			0	0	0	8.7	7/39.8	5,948	7/5,987.8
1969........	n.a.	40.6			0	0	0	9.3	7/49.9	5,708	7/5,757.9
1970........	n.a.	36.0	8	8	0	0	0	12.0	7/48.0	6,890	7/6,938.0

1/ Less than 0.5. 2/ 1939. 3/ 1934-38 average. 4/ 1930-39 average. 5/ Prewar data not added because of different base years. 6/ 1940. 7/ Excludes Albania.

n.a. = Not available.

Table 58.--Flax for fiber: Area, prewar and 1950-70

Year	Eastern Europe									U.S.S.R.	U.S.S.R. and Eastern Europe
	Albania	Bulgaria	Czecho-slovakia 1/	East Germany	Hungary	Poland 1/	Romania	Yugo-slavia	Total		
	1,000 hectares										
Prewar......:	2/3/	4/1.6	5/14.6	0	2/3.5	5/61.4	5/19.2	6/12.5	7/	8/2,099	7/
1950........:	.7	5.0	28.7	26.0	9.3	119.9	16.0	12.8	218.4	1,903	2,121.4
1951........:	n.a.	5.5	54.5	23.7	8.6	146.2	17.5	10.3	266.3	1,605	1,871.3
1952........:	n.a.	6.8	61.9	24.8	10.1	120.5	17.6	8.7	250.4	1,530	1,780.4
1953........:	n.a.	6.9	63.0	26.3	10.4	105.1	25.1	9.4	246.2	1,245	1,491.2
1954........:	n.a.	6.7	51.8	28.9	5.8	101.9	22.6	8.4	226.1	1,109	1,335.1
1955........:	.5	7.0	53.9	28.3	6.4	115.5	24.7	10.4	246.7	1,477	1,723.7
1956........:	3/	7.2	54.3	1/31.6	6.2	125.8	26.3	8.8	260.2	1,921	2,181.2
1957........:	3/	8.6	53.7	1/27.4	6.7	132.6	24.2	8.4	261.6	1,687	1,948.6
1958........:	3/	9.0	55.5	1/26.4	8.0	97.8	19.1	10.0	225.8	1,595	1,820.8
1959........:	3/	11.3	55.8	1/24.5	7.4	106.7	18.0	10.1	233.8	1,605	1,838.8
1960........:	n.a.	11.1	52.8	1/27.7	6.1	95.2	22.5	9.2	224.6	1,620	1,844.6
1961........:	n.a.	7.6	47.2	1/25.7	7.0	111.0	27.6	7.9	234.0	1,625	1,859.0
1962........:	n.a.	8.2	48.2	1/26.6	8.1	131.2	29.2	5.8	257.3	1,697	1,954.3
1963........:	n.a.	8.4	51.9	1/17.8	8.7	116.2	30.3	5.9	239.2	1,465	1,704.2
1964........:	n.a.	8.6	52.5	1/12.1	9.5	125.3	25.0	5.4	238.4	1,569	1,807.4
1965........:	n.a.	8.9	41.7	1/14.4	10.6	113.7	22.8	4.8	9/216.9	1,476	9/1,692.9
1966........:	n.a.	9.0	36.0	1/16.1	10.9	105.7	29.4	4.4	9/195.4	1,403	9/1,598.4
1967........:	n.a.	11.2	35.3	1/15.1	10.8	122.6	32.5	4.2	9/231.7	1,375	9/1,606.7
1968........:	n.a.	12.3	39.6	1/10.8	8.2	116.6	34.3	3.2	9/225.0	1,334	9/1,559.0
1969........:	n.a.	9.8	37.1	1/10.4	8.6	99.8	34.8	2.8	9/203.3	1,309	9/1,512.3
1970........:	n.a.	9.0	30.7	1/10.6	11.0	98.3	35.8	2.2	9/197.6	1,340	9/1,537.6

1/ Includes area for seed. 2/ 1938. 3/ Less than 0.5. 4/ 1939. 5/ 1934-38 average. 6/ 1930-39 average.
7/ Prewar data not added because of different base years. 8/ 1940. 9/ Excludes Albania.
n.a. = Not available.

65

Table 59.--Flax for fiber 1/: Yield per hectare, prewar and 1950-70

Year	Eastern Europe									U.S.S.R. 2/	U.S.S.R. and Eastern Europe 3/
	Albania	Bulgaria	Czechoslovakia	East Germany	Hungary	Poland	Romania	Yugoslavia	Total		
	Centners										
Prewar	4/25.0	5/26.8	n.a.	n.a.	4/25.4	2/6/3.9	6/20.6	7/43	8/	9/1.7	
1950	15.0	11.0	12.3	30.9	14.8	20.6	18.3	10	19.4	1.3	
1951	n.a.	14.9	17.2	28.2	17.4	20.1	20.8	16	10/19.9	1.2	
1952	n.a.	7.7	12.6	26.4	12.2	19.8	13.0	12	10/17.1	1.4	
1953	n.a.	11.0	16.3	24.9	17.4	18.6	11.1	19	10/17.4	1.3	
1954	n.a.	12.7	22.0	26.2	19.5	24.1	11.6	16	10/21.6	2.0	
1955	17.0	11.1	26.2	26.3	19.8	23.9	18.2	21	23.5	2.6	
1956	18.2	19.6	26.4	25.2	31.1	24.9	17.5	20	24.3	2.7	
1957	25.0	19.8	18.7	19.4	25.5	20.9	20.8	26	20.5	2.6	
1958	19.3	9.5	23.6	26.0	10.8	24.6	14.5	20	22.3	2.7	
1959	11.2	19.6	22.3	16.0	29.8	17.9	15.7	27	19.4	2.3	
1960	n.a.	19.2	25.9	21.8	35.8	27.1	18.6	25	10/24.9	2.6	
1961	n.a.	19.8	29.0	25.5	42.5	29.2	13.9	24	10/26.8	2.5	
1962	n.a.	10.4	28.2	27.9	37.4	29.8	20.8	21	10/27.6	2.5	
1963	n.a.	15.4	31.9	26.1	41.9	26.7	17.9	22	10/26.6	2.6	
1964	n.a.	22.6	31.4	26.0	39.9	22.2	16.6	23	10/24.4	2.2	
1965	n.a.	17.6	31.4	32.8	41.0	29.9	23.2	24	10/29.5	3.3	
1966	n.a.	28.3	31.0	31.7	43.6	31.4	26.1	27	10/33.5	3.3	
1967	n.a.	28.0	33.8	35.8	43.1	34.7	21.0	24	10/32.5	3.5	
1968	n.a.	12.5	31.5	36.4	28.7	31.9	13.3	22	10/27.8	2.8	
1969	n.a.	14.4	37.9	36.1	54.1	31.9	17.1	24	10/30.8	3.1	
1970	n.a.	23.2	30.7	34.4	47.5	31.8	18.4	26	10/29.6	3.1	

1/ Unretted stalk basis. 2/ Scutched basis. 3/ Not calculated because USSR yield is on scutched basis. 4/ 1938. 5/ 1939. 6/ 1934-38 average. 7/ 1930-39 average. 8/ Prewar yields not calculated because of different base years. 9/ 1940. 10/ Excludes Albania.

n.a. = Not available.

Table 60.--Flax for fiber 1/: Production, prewar and 1950-70

Year	Eastern Europe										
	Albania	Bulgaria	Czecho-slovakia	East Germany	Hungary	Poland	Romania	Yugo-slavia	Total	U.S.S.R. 2/	U.S.S.R. and Eastern Europe 3/
	1,000 tons										
Prewar......	4/5/	6/4.2	n.a.	n.a.	4/8.7	2/7/24	7/39.5	8/53.0	9/	10/349	
1950........	1.0	5.5	35	80.2	13.8	247	29.2	12.4	424.1	255	
1951........	n.a.	8.2	93	66.9	15.0	293	36.4	16.8	529.3	193	
1952........	n.a.	5.3	73	65.5	12.3	238	23.0	10.0	427.1	213	
1953........	n.a.	7.7	97	65.5	18.0	195	27.7	17.9	428.8	162	
1954........	n.a.	8.7	109	75.8	11.3	245	26.2	13.6	489.6	218	
1955........	.8	7.8	141	74.6	12.6	276	44.9	22.0	579.7	381	
1956........	4/	14.1	143	79.5	19.2	313	45.9	17.8	632.5	521	
1957........	4/	17.4	100	53.3	17.2	277	50.4	21.5	536.8	440	
1958........	4/	8.7	129	68.6	8.6	241	27.6	19.8	503.3	438	
1959........	4/	22.4	123	39.1	22.2	191	28.3	27.1	453.1	364	
1960........	4/	21.6	134	60.3	21.7	258	41.8	22.5	559.9	425	
1961........	n.a.	15.2	134	65.6	29.8	324	38.4	19.3	626.3	399	
1962........	n.a.	8.6	133	74.1	30.4	391	60.6	12.1	709.8	432	
1963........	n.a.	13.0	164	46.3	36.6	310	54.0	12.6	636.5	380	
1964........	n.a.	19.4	161	31.4	37.9	278	41.5	12.5	581.7	346	
1965........	n.a.	15.7	128	47.3	43.6	340	52.9	11.7	11/639.2	480	
1966........	n.a.	26.0	110	51.0	47.7	332	76.8	11.7	11/655.2	461	
1967........	n.a.	31.5	118	54.0	46.5	425	68.2	10.1	11/753.3	485	
1968........	n.a.	15.4	122	39.2	23.6	372	45.7	7.0	11/624.9	400	
1969........	n.a.	14.1	141	38.7	46.5	319	59.6	6.7	11/625.6	430	
1970........	n.a.	20.9	92	36.6	51.0	313	66.0	5.9	11/585.4	470	

1/ Unretted stalk basis. 2/ Scutched basis. 3/ Not added because USSR production is on scutched basis. 4/ 1938. 5/ Less than 0.5. 6/ 1939. 7/ 1934-38 average. 8/ 1930-39 average. 9/ Prewar data not added because of different base years. 10/ 1940. 11/ Excludes Albania.

n.a. = Not available.

Table 61.--Hemp for fiber: Area, prewar and 1950-70

Year	Eastern Europe									U.S.S.R.	U.S.S.R. and Eastern Europe 2/
	Albania	Bulgaria	Czecho-slovakia	East Germany 1/	Hungary	Poland 1/	Romania	Yugo-slavia	Total 2/		
						1,000 hectares					
Prewar......	n.a.	3/6.7	n.a.	4/4.3	5/13.1	6/10.8	6/37.7	7/42.0	8/	9/598	8/
1950........	10/	21.5	n.a.	4.3	23.9	19.3	63.6	71.2	203.8	558	761.8
1951........	n.a.	24.2	n.a.	5.4	27.3	27.4	67.2	50.4	201.9	567	768.9
1952........	n.a.	25.0	n.a.	6.6	29.5	20.7	68.1	46.1	196.0	544	740.0
1953........	n.a.	24.4	n.a.	4.6	35.0	18.3	62.3	44.1	188.7	515	703.7
1954........	n.a.	22.4	n.a.	6.8	29.2	21.2	59.1	57.3	196.0	577	773.0
1955........	10/	18.8	n.a.	6.7	33.8	23.8	57.9	62.0	203.0	597	800.0
1956........	10/	13.3	n.a.	6.1	33.6	26.6	54.8	49.0	183.4	620	803.4
1957........	n.a.	13.4	n.a.	5.2	22.4	22.4	48.5	51.9	163.8	465	628.8
1958........	n.a.	13.4	n.a.	4.9	27.7	17.7	43.9	51.6	159.2	395	554.2
1959........	n.a.	15.4	n.a.	6.3	29.9	18.6	37.4	38.7	146.3	355	501.3
1960........	n.a.	14.6	n.a.	6.6	20.9	21.9	36.4	36.8	137.2	350	487.2
1961........	n.a.	12.0	n.a.	3.5	20.4	23.2	31.0	44.0	134.1	300	434.1
1962........	n.a.	11.0	n.a.	4.8	22.3	27.0	24.4	48.7	138.2	300	438.2
1963........	n.a.	10.5	n.a.	4.4	22.4	23.3	23.5	44.4	128.5	300	428.5
1964........	n.a.	10.2	5.5	4.5	22.8	26.4	26.1	45.3	140.8	300	440.8
1965........	n.a.	11.4	5.0	2.9	23.6	30.4	21.2	47.4	141.9	270	410.9
1966........	n.a.	15.1	n.a.	2.6	22.8	30.1	23.4	45.5	145.9	240	n.a.
1967........	n.a.	13.7	n.a.	2.0	19.5	27.9	28.0	38.9	130.0	230	n.a.
1968........	n.a.	11.4	n.a.	1.9	13.7	21.4	28.8	17.2	94.4	230	n.a.
1969........	n.a.	11.7	n.a.	1.5	13.8	19.3	28.9	16.4	91.6	220	n.a.
1970........	n.a.	10.0	n.a.	1.7	13.0	14.0	23.0	18.0	79.7	200	n.a.

1/ Includes area for seed. 2/ Reported data only. 3/ 1939. 4/ 1936-38 average. 5/ 1938. 6/ 1934-38 average.
7/ 1930-39 average. 8/ Prewar data not added because of different base years. 9/ 1940. 10/ Less than 0.5.
n.a. = Not available.

Year	Eastern Europe									U.S.S.R. 3/	U.S.S.R. and Eastern Europe 3/
	Albania	Bulgaria	Czecho-slovakia	East Germany	Hungary	Poland	Romania	Yugo-slavia	Total 2/		
	Centners										
Prewar	n.a.	4/41.9	n.a.	5/44.6	6/51.1	7/8/4.7	7/29.6	9/59	10/		
1950	21.5	41.6	n.a.	52.8	34.8	34.2	18.9	25	27.3		
1951	n.a.	43.4	n.a.	45.9	46.7	28.5	29.9	41	36.7		
1952	n.a.	30.7	n.a.	44.3	26.0	27.9	21.0	26	25.7		
1953	n.a.	36.5	n.a.	49.3	38.2	28.2	23.4	50	35.2		
1954	n.a.	29.7	n.a.	47.2	35.8	32.5	21.9	47	34.4		
1955	5.4	25.6	n.a.	40.7	36.5	27.8	24.8	55	36.9		
1956	4.6	28.2	n.a.	27.0	34.2	36.0	23.5	45	33.5		
1957	n.a.	38.0	n.a.	36.3	45.2	30.7	25.0	60	41.1		
1958	n.a.	31.1	n.a.	32.4	39.5	37.7	21.0	51	36.9		
1959	n.a.	47.9	n.a.	27.6	54.5	38.3	30.6	62	46.5		
1960	n.a.	46.0	n.a.	21.1	41.3	37.2	28.7	55	40.6		
1961	n.a.	56.6	n.a.	21.1	49.1	39.8	28.6	58	45.7		
1962	n.a.	33.6	n.a.	22.6	42.2	33.0	28.0	57	41.8		
1963	n.a.	36.1	n.a.	24.9	51.3	33.4	27.9	57	43.9		
1964	n.a.	49.8	n.a.	29.6	56.1	35.0	28.2	65	46.2		
1965	n.a.	39.6	n.a.	29.3	58.4	38.3	34.4	67	49.1		
1966	n.a.	50.0	n.a.	35.0	59.2	40.5	38.9	68	47.4		
1967	n.a.	56.3	n.a.	39.7	68.1	49.1	40.3	67	52.6		
1968	n.a.	37.8	n.a.	42.3	61.3	58.5	39.6	43	44.4		
1969	n.a.	50.8	n.a.	40.6	77.2	48.7	40.7	51	45.3		
1970	n.a.	55.2	n.a.	37.3	63.7	57.1	33.2	59	46.5		

1/ Unretted stalk basis. 2/ Reported data only. 3/ Not calculated; no separate area figures are published in the USSR for the two different types of hemp. 4/ 1939. 5/ 1936-38 average. 6/ 1938. 7/ 1934-38 average. 8/ Scutched basis. 9/ 1930-39 average. 10/ Prewar yields not calculated because of different base years.
n.a. = Not available.

Table 63.--Hemp for fiber 1/: Production, prewar and 1950-70

Year	Eastern Europe									U.S.S.R. 3/	U.S.S.R. and Eastern Europe 2/
	Albania	Bulgaria	Czecho-slovakia	East Germany	Hungary	Poland	Romania	Yugo-slavia	Total 2/		
	1,000 tons										
Prewar	n.a.	4/28.4	n.a.	5/19.3	6/66.9	7/8/5	7/111.6	9/250	10/	11/313	10/
1950	.6	89.2	n.a.	22.8	83.3	66	120.2	175	557.1	203	760.1
1951	n.a.	105.1	n.a.	24.9	127.5	78	201.0	204	740.5	n.a.	n.a.
1952	n.a.	77.0	n.a.	29.1	77.0	58	142.8	120	503.9	n.a.	n.a.
1953	n.a.	89.3	n.a.	22.8	133.9	51	147.8	220	664.8	283	947.8
1954	n.a.	66.5	n.a.	32.2	104.7	69	129.6	272	674.0	322	996.0
1955	12/	48.2	n.a.	27.2	123.4	66	143.9	342	748.7	546	1,294.7
1956	12/	37.4	n.a.	16.4	115.4	96	129.0	220	614.2	502	1,116.2
1957	n.a.	51.1	n.a.	18.9	100.9	69	121.1	312	673.0	299	972.0
1958	n.a.	41.7	n.a.	15.8	109.4	67	92.2	262	588.1	346	934.1
1959	n.a.	73.9	n.a.	17.3	162.7	71	114.4	241	680.3	228	908.3
1960	n.a.	69.3	n.a.	13.9	86.3	82	104.6	201	557.1	n.a.	n.a.
1961	n.a.	69.3	n.a.	7.3	100.1	92	88.7	255	612.4	n.a.	n.a.
1962	n.a.	38.2	n.a.	10.8	94.0	89	68.3	278	578.3	n.a.	n.a.
1963	n.a.	39.3	n.a.	10.9	114.7	78	65.6	256	564.5	n.a.	n.a.
1964	n.a.	51.2	n.a.	13.5	127.8	92	73.6	292	650.1	n.a.	n.a.
1965	n.a.	46.1	n.a.	8.5	137.5	117	72.3	316	697.4	n.a.	n.a.
1966	n.a.	25.6	n.a.	9.1	135.1	122	90.7	309	691.5	n.a.	n.a.
1967	n.a.	31.5	n.a.	8.1	132.8	137	112.8	261	683.2	n.a.	n.a.
1968	n.a.	15.4	n.a.	7.9	83.8	125	114.3	73	419.4	n.a.	n.a.
1969	n.a.	14.1	n.a.	5.9	100.0	94	117.3	84	415.3	n.a.	n.a.
1970	n.a.	20.9	n.a.	6.3	81.0	80	76.6	106	370.8	n.a.	n.a.

Table 64.--Tobacco: Area, prewar and 1950-70

Year	Eastern Europe									U.S.S.R.	U.S.S.R. and Eastern Europe
	Albania	Bulgaria	Czecho-slovakia	East Germany	Hungary	Poland 1/	Romania	Yugo-slavia	Total		
	1,000 hectares										
Prewar......	2/2.6	3/42.7	4/6.8	n.a.	2/14.1	4/3.5	4/10.5	5/14.9	6/	1/7/209	6/
1950........	4.6	76.7	5.2	8.6	21.3	17.6	29.1	33.6	196.7	102	298.7
1951........	5.9	82.3	8.0	n.a.	22.8	20.6	34.1	37.1	8/210.8	1/211	8/421.8
1952........	5.8	93.8	9.9	n.a.	24.1	21.7	33.3	28.8	8/217.4	1/214	8/431.4
1953........	6.9	102.4	10.8	4.4	25.6	21.5	36.0	35.9	243.5	1/218	461.5
1954........	8.3	95.8	10.2	4.3	17.0	27.7	31.6	36.8	231.7	1/214	445.7
1955........	9.4	90.1	10.3	4.4	19.5	32.4	34.5	41.7	242.3	110	352.3
1956........	10.8	88.8	9.8	4.0	21.9	34.0	34.7	41.2	245.2	1/187	432.2
1957........	11.4	94.1	7.5	4.0	20.8	30.7	40.3	56.4	265.2	1/165	430.2
1958........	13.6	107.6	6.8	4.5	20.3	30.2	46.9	53.0	282.9	1/160	442.9
1959........	18.3	118.9	6.3	5.0	15.9	30.4	36.4	46.7	277.9	1/152	429.9
1960........	17.9	86.8	5.6	5.3	15.2	38.5	21.6	33.0	223.9	100	323.9
1961........	11.3	96.0	5.0	4.2	16.0	38.2	28.1	26.6	225.4	n.a.	n.a.
1962........	22.4	119.8	5.1	4.7	18.6	31.0	38.3	37.4	277.3	n.a.	n.a.
1963........	25.6	124.3	5.6	4.8	20.1	34.4	41.2	52.8	308.8	n.a.	n.a.
1964........	24.4	131.1	5.9	4.8	22.1	49.3	40.3	64.9	342.8	n.a.	n.a.
1965........	n.a.	120.7	5.4	4.0	22.2	41.2	37.6	61.0	9/292.5	138	n.a.
1966........	n.a.	117.0	6.1	4.2	21.5	38.6	38.3	63.2	9/289.1	141	n.a.
1967........	n.a.	103.1	6.2	4.0	19.5	42.2	39.2	58.7	272.9	142	414.9
1968........	n.a.	113.6	6.4	3.9	20.8	46.3	36.0	56.9	283.9	143	426.9
1969........	n.a.	116.7	5.1	3.5	20.4	45.9	36.1	53.9	281.6	143	424.6
1970........	n.a.	118.0	3.9	2.4	17.0	47.4	33.6	53.4	275.7	152	427.7

1/ Tobacco and makhorka. 2/ 1938. 3/ 1939. 4/ 1934-38 average. 5/ 1930-39 average. 6/ Prewar data not added because of different base years. 7/ 1940. 8/ Excludes East Germany. 9/ Excludes Albania.

n.a. = Not available.

Table 65.--Tobacco: Yield per hectare, prewar and 1950-70

Year	Eastern Europe: Albania	Eastern Europe: Bulgaria 1/	Eastern Europe: Czecho-slovakia	Eastern Europe: East Germany	Eastern Europe: Hungary	Eastern Europe: Poland 2/	Eastern Europe: Romania	Eastern Europe: Yugo-slavia	Eastern Europe: Total	U.S.S.R.	U.S.S.R. and Eastern Europe
	Centners										
Prewar......	3/7.5	4/9.6	5/16.3	n.a.	3/13.9	n.a.	5/7.8	6/9.9	7/	8/12.3	7/
1950........	3.6	5.4	11.8	10.6	9.6	15.8	4.7	4.7	6.9	6.1	6.6
1951........	4.2	7.6	9.4	n.a.	11.8	15.1	7.2	7.5	9/8.7	n.a.	n.a.
1952........	3.5	4.6	9.4	n.a.	6.9	13.0	4.4	5.2	9/5.9	n.a.	n.a.
1953........	6.5	5.6	11.0	n.a.	9.4	14.4	6.6	8.6	9/7.5	2/7.8	8/7.6
1954........	4.7	5.7	10.8	12.3	10.2	12.7	6.1	8.8	7.7	2/7.9	7.8
1955........	7.6	7.9	12.3	n.a.	11.6	14.3	7.7	10.4	9/9.5	7.6	8/9.6
1956........	6.5	6.4	10.5	7.5	12.9	9.9	7.5	7.4	8.0	2/11.1	9.3
1957........	7.0	8.7	11.8	13.8	17.5	17.1	8.9	11.2	11.0	2/11.9	11.3
1958........	5.9	7.7	11.5	11.8	15.2	12.2	6.6	7.4	8.6	2/13.0	10.2
1959........	7.3	8.3	10.2	15.8	14.0	13.8	7.0	9.1	9.4	2/12.4	10.4
1960........	4.0	7.1	8.4	9.4	12.0	10.6	7.2	8.5	8.2	10.5	8.9
1961........	2.8	5.8	10.9	10.4	10.7	12.0	6.3	5.7	7.4	n.a.	n.a.
1962........	4.6	9.5	12.2	10.9	10.0	11.9	6.7	8.0	8.6	n.a.	n.a.
1963........	6.2	8.5	13.8	13.8	13.3	21.1	9.7	10.2	10.7	n.a.	n.a.
1964........	5.6	11.4	15.7	15.6	13.0	19.2	10.4	10.1	12.0	n.a.	n.a.
1965........	n.a.	10.2	9.4	14.1	8.3	12.6	9.2	8.8	10/10.0	12.3	8.9
1966........	n.a.	11.3	13.7	15.3	9.1	12.5	10.5	8.6	10/10.7	12.6	n.a.
1967........	n.a.	11.5	17.9	15.0	12.2	18.4	8.8	9.2	10/11.9	15.3	13.1
1968........	n.a.	10.1	16.5	16.9	12.9	17.9	9.1	7.7	10/11.2	15.2	12.5
1969........	n.a.	8.2	14.6	15.8	13.4	19.8	6.6	8.7	10/10.5	13.7	11.6
1970........	n.a.	10.1	13.8	16.1	10.1	18.0	6.7	9.1	10/11.0	14.9	12.4

1/ Calculated. 2/ Tobacco and makhorka. 3/ 1938. 4/ 1939. 5/ 1934-38 average. 6/ 1930-39. 7/ Prewar yields not calculated because of different base years. 8/ 1940. 9/ Excludes East Germany. 10/ Excludes Albania.

n.a. = Not available.

Year	Eastern Europe									U.S.S.R.	U.S.S.R. and Eastern Europe
	Albania	Bulgaria	Czecho-slovakia	East Germany	Hungary	Poland 1/	Romania	Yugo-slavia	Total		
									1,000 tons		
Prewar......:	2/2.0	3/41.1	4/11.2	n.a.	2/19.5	n.a.	4/8.2	5/14.7	6/	7/	6/
1950........:	1.6	41.8	6.1	9.1	20.5	28	13.6	15.8	136.5	62	198.5
1951........:	2.5	62.8	7.5	n.a.	27.2	31	24.5	27.8	183.3	n.a.	n.a.
1952........:	2.0	43.5	9.3	n.a.	16.6	28	14.7	14.8	128.9	n.a.	n.a.
1953........:	4.5	57.0	11.8	n.a.	23.8	31	23.6	30.9	8/182.6	1/170	8/352.6
1954........:	3.9	54.7	11.2	5.3	17.4	35	19.3	32.3	179.1	1/170	349.1
1955........:	7.1	71.3	12.6	n.a.	22.6	46	26.4	43.3	8/229.3	83	312.3
1956........:	7.0	56.6	10.3	3.0	28.1	34	26.0	30.7	195.7	1/208	403.7
1957........:	8.0	81.6	8.8	5.5	36.6	52	35.9	63.3	291.7	1/196	487.7
1958........:	8.0	82.9	7.8	5.3	30.8	37	31.0	39.2	242.0	1/208	450.0
1959........:	13.4	98.5	6.4	7.9	22.3	42	25.5	44.3	260.3	1/189	449.3
1960........:	8.1	61.9	4.7	5.0	18.2	41	15.5	28.1	182.5	105	287.5
1961........:	4.2	55.9	5.5	4.4	17.2	46	17.8	15.0	166.0	1/133	299.0
1962........:	10.6	106.7	6.3	5.1	18.6	37	25.6	29.8	239.7	1/132	371.7
1963........:	16.0	105.2	7.7	6.6	26.7	73	39.9	54.0	329.1	1/150	479.1
1964........:	13.5	149.6	9.2	7.5	28.6	95	41.7	65.8	410.9	1/227	637.9
1965........:	n.a.	123.0	5.1	6.2	18.4	52	34.5	53.6	10/292.8	169	461.8
1966........:	n.a.	132.0	8.3	6.8	19.6	48	40.2	54.1	10/309.0	178	487.0
1967........:	n.a.	118.1	11.2	6.3	23.9	78	34.6	54.0	326.1	217	543.1
1968........:	n.a.	114.5	10.3	6.9	26.8	83	32.5	44.0	318.0	216	534.0
1969........:	n.a.	95.1	7.4	6.1	27.3	91	23.8	46.0	296.7	196	492.7
1970........:	n.a.	119.7	5.3	5.4	17.0	85	22.5	29.0	303.9	228	531.9

1/ Tobacco and makhorka. 2/ 1938. 3/ 1939. 4/ 1934-38 average. 5/ 1930-39 average. 6/ Prewar data not added because of different base years. 7/ 1940. 8/ Excludes East Germany. 9/ State procurement; about 95 percent of production. 10/ Excludes Albania.
n.a. = Not available.

73

Table 67.--Fruit: Production, prewar and 1950-70

Year	Eastern Europe									U.S.S.R.	U.S.S.R. and Eastern Europe
	Albania	Bulgaria	Czecho-slovakia	East Germany	Hungary	Poland	Romania	Yugo-slavia	Total		
	1,000 tons										
Prewar....	1/11.0	2/438.0	3/457.2	n.a.	n.a.	3/404.9	n.a.	4/825.5	5/	n.a.	5/
1950......	16.2	321.5	611.8	n.a.	356.0	224.0	383.3	488.1	2,400.9	2,097	6/4,141.9
1951......	n.a.	263.2	424.6	n.a.		7/442.	260.4	1,614.2	6/3,004.7	8/	8/
1952......	n.a.	372.5	307.3	9/569.0	n.a.	7/189.	402.9	633.2	6/2,474.7	8/	8/
1953......	n.a.	481.4	709.9	9/823.8	n.a.	7/412.	747.0	1,479.2	6/4,653.3	2,172	6/6,825.3
1954......	n.a.	247.8	519.2	9/847.7	n.a.	7/356.	480.2	710.3	6/3,161.5	8/	8/
1955......	19.4	193.2	462.8	423.1	391.7	7/304.[illegible]	947.2	1,345.6	4,087.4	2,641	8/
1956......	n.a.	501.7	564.9	9/469.1	374.0	546.5	530.9	473.2	3,460.3	8/	8/
1957......	n.a.	214.1	342.6	n.a.	691.0	7/327.5	522.2	947.3	6/3,044.7	8/	8/
1958......	n.a.	477.8	756.7	1,081.1	795.1	7/846.6	907.1	1,082.3	6/5,946.7	3,112	6/9,058.7
1959......	n.a.	687.7	396.1	395.6	906.8	7/449.9	1,122.3	1,738.1	6/5,696.5	3,217	6/8,[illegible]13.5
1960......	22.5	561.0	826.1	1,271.5	722.6	7/1,113.5	780.7	591.5	6/5,889.4	3,071	6/8,960.4
1961......	63.6	789.3	473.9	449.1	1,019.4	7/615.7	944.3	1,826.9	6,182.2	2,815	8,997.2
1962......	51.3	710.0	269.2	716.8	864.9	7/328.6	679.7	1,368.5	4,989.0	3,006	7,995.0
1963......	43.0	795.6	399.4	625.7	987.1	7/571.2	1,024.9	1,375.2	5,822.1	3,839	9,661.1
1964......	44.8	786.2	350.2	444.7	972.2	7/1,139.2	620.6	1,233.5	5,591.4	4,237	9,828.4
1965......	n.a.	1,165.6	222.0	527.6	857.9	7/405.1	1,093.3	706.7	6/4,978.2	4,377	6/9,355.2
1966......	n.a.	989.8	566.6	694.1	1,019.4	7/1,276.0	1,336.4	1,235.8	7,076.9	4,427	6/11,864.1
1967......	n.a.	1,011.2	381.0	831.2	1,240.0	7/856.6	1,164.2	1,322.0	6,806.2	5,525	6/12,331
1968......	n.a.	1,130.8	479.0	584.6	1,008.0	7/1,202.4	1,024.3	1,349.0	6,778.1	6,086	6/12,864
1969......	n.a.	1,194.5	510.0	691.8	1,516.0	7/966.0	1,639.2	2,108.0	8,625.5	5,286	6/13,912
1970......	n.a.	1,109.7	508.0	546.0	1,288.0	7/1,008.6	1,108.6	1,499.0	7,067.9	7,679	6/14,747

1/ 1938. Includes chestnuts. 2/ 1939. 3/ 1934-38 average. 4/ 1930-39 average. 5/ Prewar data not added because of different base years. 6/ Reported data only. 7/ Includes walnuts. 8/ Data not consistent with most recent series. 9/ Derived from 1952 census of fruit trees and official yields for subsequent years.

n.a. = Not available.

Year	Eastern Europe									U.S.S.R.	U.S.S.R. and Eastern Europe 2/
	Albania	Bulgaria	Czecho-slovakia	East Germany	Hungary	Poland	Romania	Yugo-slavia 1/	Total 2/		
	1,000 hectares										
Prewar......	n.a.	3/123.8	4/16.9	5/6/	4/204.6	n.a.	7/206.4	8/226	9/	10/330	9/
1950........	n.a.	136.8	16.6	6/	221.2	n.a.	223.0	257	854.6	256	1,110.6
1951........	n.a.	131.4	16.5	6/	222.0	n.a.	223.1	258	851.0	n.a.	n.a.
1952........	n.a.	123.2	15.8	6/	219.2	n.a.	226.7	261	845.9	n.a.	n.a.
1953........	n.a.	123.2	16.3	6/	211.6	n.a.	221.6	267	839.7	279	1,118.7
1954........	n.a.	126.4	16.9	6/	210.8	n.a.	217.8	274	845.9	n.a.	n.a.
1955........	n.a.	120.9	17.4	6/	192.7	n.a.	213.2	280	824.2	n.a.	n.a.
1956........	n.a.	123.3	17.8	6/	183.4	n.a.	222.4	273	819.9	318	1,137.9
1957........	n.a.	129.1	18.8	6/	180.0	n.a.	229.5	271	828.4	329	1,157.4
1958........	n.a.	132.5	18.4	6/	178.8	n.a.	240.4	275	845.1	351	1,196.1
1959........	n.a.	137.0	18.7	6/	180.8	n.a.	257.1	277	870.6	379	1,249.6
1960........	n.a.	146.2	20.6	6/	184.6	n.a.	270.5	273	894.9	427	1,321.9
1961........	n.a.	148.4	20.2	6/	184.3	n.a.	277.9	272	902.8	491	1,393.8
1962........	n.a.	150.7	20.0	6/	195.8	n.a.	263.4	270	899.9	580	1,479.9
1963........	n.a.	158.0	20.3	6/	196.9	n.a.	247.1	266	888.3	656	1,544.3
1964........	n.a.	163.1	20.3	6/	201.4	n.a.	256.4	263	904.2	734	1,638.2
1965........	n.a.	166.6	20.7	6/	201.0	n.a.	242.2	261	891.5	765	1,656.5
1966........	n.a.	170.1	21.3	6/	200.0	n.a.	253.4	259	903.8	778	1,681.8
1967........	n.a.	171.9	21.2	6/	203.0	n.a.	264.1	1,050	1,710.2	792	2,502.2
1968........	n.a.	169.4	22.1	6/	210.0	n.a.	278.0	1,270	1,949.5	791	2,740.5
1969........	n.a.	169.8	23.2	6/	217.0	n.a.	287.9	1,499	2,196.9	795	2,991.9
1970........	n.a.	169.0	24.1	6/	217.0	n.a.	292.8	1,101	1,803.9	813	2,616.9

1/ Total area. 2/ Reported data only. 3/ 1939. 4/ 1934-37 average. 5/ 1938. 6/ Less than 0.5. 7/ 1934-38 average. 8/ 1930-39 average. 9/ Prewar data not added because of different base years. 10/ 1940.

n.a. = Not available.

Table 69.--Grapes: Production, prewar and 1950-70

Year	Eastern Europe									:U.S.S.R.:	U.S.S.R. and Eastern Europe 1/
	Albania	Bulgaria	Czecho-slovakia	East Germany	Hungary	Poland	Romania	Yugo-slavia	Total 1/		
							1,000 tons				
Prewar......:	2/18.6	3/659.0	4/66.1	n.a.	5/495.4	n.a.	4/1,048.6	6/790	7/	8/1,130	7/
1950........:	21.4	465.5	70.5	n.a.	610.7	n.a.	647.8	749	2,564.9	753	3,317.9
1951........:	n.a.	605.9	73.7	n.a.	552.1	n. .	651.0	1,210	3,092.7	n.a.	n.a.
1952........:	n.a.	394.4	34.2	n.a.	464.2	n. .	742.5	678	2,313.3	n.a.	n.a.
1953........:	n.a.	492.0	34.7	n.a.	320.0	n. .	688.5	847	2,382.2	1,036	3,418.2
1954........:	n.a.	429.8	67.9	n.a.	326.7	n. .	773.9	586	2,184.3	n.a.	n.a.
1955........:	25.0	531.2	71.8	n.a.	561.0	n.a.	1,109.5	1,150	3,448.5	1,174	4,622.5
1956........:	n.a.	399.4	34.0	n.a.	402.0	n. .	577.8	656	2,069.2	1,220	3,289.2
1957........:	n.a.	572.5	69.9	n.a.	535.3	n. .	882.4	907	2,967.1	1,400	4,367.1
1958........:	n.a.	887.9	93.3	n.a.	890.1	n. .	1,169.2	1,190	4,230.5	1,734	5,964.5
1959........:	n.a.	689.1	49.2	n.a.	554.8	n. .	972.9	954	3,220.0	1,734	4,954.0
1960........:	22.3	589.1	56.3	n.a.	490.8	n.a.	874.3	732	2,764.8	1,871	4,635.8
1961........:	43.4	579.3	61.8	n.a.	591.3	n.a	751.7	952	2,979.5	2,235	5,214.5
1962........:	48.8	1,000.0	42.6	n.a.	551.0	n.a	1,032.1	1,130	3,804.5	2,972	6,776.5
1963........:	20.2	1,094.2	65.6	n.a.	736.5	n.a	936.5	1,220	4,073.0	2,572	6,645.0
1964........:	36.7	825.7	100.3	n.a.	926.5	n.a	897.5	1,250	4,036.7	2,629	6,665.7
1965........:	n.a.	1,215.4	39.2	n.a.	427.0	n.a:	921.3	1,120	3,722.9	3,723	7,445.9
1966........:	n.a.	977.0	58.9	n.a.	569.0	n.a.	954.1	1,230	3,789.0	3,378	7,167.0
1967.......:	n.a.	810.1	93.4	n.a.	791.0	n.a.	910.2	1,050	3,654.7	3,441	7,095.7
1968.......:	n.a.	1,146.7	110.7	n.a.	835.0	n.a.	1,167.1	1,270	4,529.5	4,472	9,001.5
1969.......:	n.a.	1,128.9	117.1	n.a.	939.0	n.a.	1,189.4	1,499	4,873.4	4,181	9,054.4
1970.......:	n.a.	883.9	137.5	n.a.	743.0	n.a.	759.9	1,101	3,625.3	4,011	7,636.3

1/ Reported data only.   2/ 1938.   3/ 1939.   4/ 1934-38 average.   5/ 1931-40 average.   6/ 1930-39 average.   7/ Pre-war data not added because of different base years.   8/ 1940.

n.a. = Not available.

76

Table 70.--Vegetables: Area, prewar and 1950-70

Year	Eastern Europe									:U.S.S.R.:	U.S.S.R. and Eastern Europe 1/
	:Albania:	Bulgaria	Czecho-slovakia	East Germany	Hungary	Poland	Romania	Yugo-slavia	Total 1/		
	- - - - - - - - - - - - - - - - - - - 1,000 hectares - - - - - - - - - - - - - - - - - - -										
Prewar......:	2/3	3/23	n.a.	n.a.	2/4/23	n.a.	n.a.	5/71	6/	7/1,506	6/
1950........:	6	45	n.a.	n.a.	4/20	130	179	74	454	1,303	1,757
1951........:	5	57	n.a.	n.a.	43	135	207	84	531	1,279	1,810
1952........:	6	54	n.a.	n.a.	44	137	201	80	522	1,266	1,788
1953........:	6	49	n.a.	n.a.	49	143	192	85	524	1,311	1,835
1954........:	8	51	n.a.	n.a.	51	151	188	88	537	1,474	2,011
1955........:	9	56	n.a.	n.a.	57	153	169	99	543	1,496	2,039
1956........:	9	60	n.a.	n.a.	54	193	164	99	579	1,574	2,153
1957........:	8	69	n.a.	n.a.	58	184	172	107	598	1,470	2,068
1958........:	6	68	n.a.	46	43	190	173	105	631	1,471	2,102
1959........:	7	78	n.a.	35	50	196	186	115	667	1,468	2,135
1960........:	8	82	n.a.	49	53	190	191	116	689	1,476	1,476
1961........:	10	84	n.a.	46	55	197	181	118	691	1,404	2,091
1962........:	10	86	n.a.	48	67	188	182	123	704	1,500	2,204
1963........:	11	89	n.a.	51	74	216	204	134	779	1,400	2,179
1964........:	12	92	n.a.	50	67	228	195	135	779	1,500	2,279
1965........:	n.a.	88	n.a.	47	67	230	181	139	754	4,404	1,404
1966........:	n.a.	100	n.a.	46	72	231	195	146	793	1,400	2,193
1967........:	n.a.	94	n.a.	43	74	203	185	149	748	1,429	2,177
1968........:	n.a.	87	n.a.	40	76	231	217	156	807	1,425	2,232
1969........:	n.a.	92	n.a.	n.a.	79	240	223	156	790	1,447	2,237
1970........:	n.a.	98	n.a.	n.a.	75	255	225	167	820	1,499	2,319

1/ Reported data only. 2/ 1938. 3/ 1939. 4/ Excludes green peas and green peppers. 5/ 1930-39 average.
6/ Prewar data not added because of different base years. 7/ 1940.

n.a. = Not available.

Table 71.--Vegetables: Production, prewar and 1950-70

Year	Eastern Europe									U.S.S.R.	U.S.S.R. and Eastern Europe
	Albania	Bulgaria	Czecho-slovakia	East Germany	Hungary	Poland	Romania	Yugo-slavia	Total		
	1,000 tons										
Prewar	1/31	2/190	n.a.	n.a.	1/3/229	n.a.	n.a.	4/386	5/	6/13,732	5/
1950	54	252	n.a.	n.a.	3/164	1,972	1,126	417	7/3,985	9,344	7/13,329
1951	47	429	n.a.	n.a.	457	1,655	1,530	765	7/4,883	8,836	7/13,719
1952	39	420	n.a.	n.a.	261	2,020	1,541	443	7/4,724	9,773	7/14,497
1953	75	506	n.a.	n.a.	488	2,320	1,788	828	7/6,005	11,389	7/17,394
1954	89	397	n.a.	n.a.	431	2,163	1,521	704	7/5,305	11,918	7/17,223
1955	102	441	944	n.a.	590	2,321	1,571	852	7/6,821	14,100	7/20,921
1956	99	584	n.a.	n.a.	447	2,512	1,064	772	7/5,478	14,298	7/19,776
1957	95	582	n.a.	n.a.	598	2,665	1,461	1,174	7/6,575	14,706	7/21,341
1958	71	695	819	856	357	2,816	1,354	894	7,862	14,865	22,727
1959	75	751	766	472	522	2,475	1,909	1,226	8,196	14,774	22,970
1960	71	930	854	790	517	3,359	1,831	1,267	9,619	16,574	26,193
1961	96	1,008	721	760	465	3,207	1,712	1,057	9,026	16,151	25,177
1962	105	1,057	812	790	578	2,829	1,454	1,110	8,735	15,989	24,724
1963	131	971	969	774	764	3,692	1,701	1,253	10,255	15,151	25,406
1964	142	1,076	984	734	673	3,734	1,764	1,317	10,424	19,467	29,891
1965	n.a.	1,034	835	802	682	3,686	1,654	1,172	7/9,865	17,627	7/27,519
1966	n.a.	1,153	980	923	879	4,028	2,176	1,432	7/11,571	17,857	7/28,834
1967	n.a.	1,091	981	718	904	3,602	2,000	1,373	7/10,669	20,534	7/31,203
1968	n.a.	1,021	1,017	590	866	3,554	2,296	1,446	7/10,790	19,011	7/29,801
1969	n.a.	1,039	912	554	898	3,536	1,963	1,455	7/10,357	18,745	7/29,102
1970	n.a.	1,070	917	782	735	4,180	2,004	1,523	7/11,211	21,212	7/32,423

1/ 1938. 2/ 1939. 3/ Excludes green peas and green peppers. 4/ 1930-39 average. 5/ Prewar data not added because of different base years. 6/ 1940. 7/ Reported data only.

n.a. = Not available.

Table 72.--Cattle: Numbers, prewar and 1950-70

Year	Eastern Europe									U.S.S.R. 2/	U.S.S.R. and Eastern Europe
	Albania 1/	Bulgaria 2/	Czecho-slovakia	East Germany 1/	Hungary 3/	Poland 4/	Romania 2/	Yugo-slavia 2/	Total		
					Thousands						
Prewar......:	5/391	6/1,495	2/7/4,296	5/3,653	8/1,911	9/9,924	9/3,653	10/4,718	11/	5/53,500	11/
1950........:	n.a.	1,678	2/4,213	3,310	2,222	7,200	4,309	5,248	28,180	58,100	86,280
1951........:	419	1,664	2/4,303	3,615	2,009	7,200	4,502	4,740	28,452	57,100	85,552
1952........:	403	1,625	2/4,376	3,808	2,091	7,255	4,778	4,834	29,170	58,800	87,970
1953........:	382	1,638	2/4,445	3,936	2,236	7,385	4,674	5,007	29,703	56,600	86,303
1954........:	389	1,591	2/4,082	3,796	2,075	7,687	4,477	5,097	29,194	55,800	84,994
1955........:	405	1,607	2/4,041	3,793	2,128	7,912	4,630	5,290	29,806	56,700	86,506
1956........:	422	1,602	2/4,107	3,760	2,170	8,353	4,800	5,206	30,420	58,800	89,220
1957........:	416	1,529	2/4,134	3,718	1,973	8,265	4,600	4,947	29,582	61,400	90,982
1958........:	405	1,442	1/4,091	3,744	1,937	8,210	4,470	4,860	29,159	66,800	95,959
1959........:	423	1,356	1/4,183	4,145	2,004	8,353	4,394	5,038	29,896	70,800	100,696
1960........:	419	1,284	1/4,303	4,465	1,971	8,695	4,450	5,297	30,884	74,200	105,084
1961........:	420	1,452	1/4,387	4,675	1,957	9,168	4,530	5,702	32,291	75,800	108,091
1962........:	415	1,582	1/4,518	4,548	1,988	9,590	4,707	5,884	33,234	82,100	115,332
1963........:	407	1,582	1/4,507	4,508	1,906	9,841	4,566	5,355	32,672	87,000	119,672
1964........:	402	1,494	1/4,480	4,614	1,883	9,940	4,637	5,094	32,544	85,400	117,944
1965........:	427	1,474	1/4,436	4,682	1,964	9,947	4,756	5,219	32,905	87,200	120,105
1966........:	n.a.	1,450	1/4,389	4,762	1,973	10,391	4,935	5,584	12/33,484	93,400	12/126,884
1967........:	n.a.	1,385	1/4,462	4,918	2,014	10,768	5,198	5,710	12/34,455	97,111	12/131,566
1968........:	n.a.	1,363	1/4,437	5,018	2,096	10,940	5,332	5,693	12/34,879	97,167	12/132,046
1969........:	n.a.	1,297	1/4,249	5,171	2,006	11,049	5,136	5,261	12/34,169	95,735	12/129,904
1970........:	n.a.	1,255	1/4,223	5,190	1,933	10,844	5,035	5,029	12/33,509	95,162	12/128,671

1/ December census of previous year. 2/ January census. 3/ March census. 4/ June census. 5/ 1939. 6/ 1940.
7/ 1934-38 average. 8/ 1935. 9/ 1938. 10/ 1931. 11/ Prewar data not added because of different base years.
12/ Excludes Albania.
n.a. = Not available.

Table 73.--Cows: Numbers, prewar and 1950-70

Year	Eastern Europe: Albania 1/	Bulgaria 2/	Czecho-slovakia	East Germany 1/	Hungary 3/	Poland 4/	Romania 2/	Yugo-slavia 2/	Total	U.S.S.R. 2/	U.S.S.R. and Eastern Europe
	Thousands										
Prewar......	5/113	6/537	2/7/2,384	5/1,945	8/961	9/6,294	9/1,787	10/2,345	11/	5/24,000	11/
1950........	n.a.	667	2/1,954	n.a.	1,063	4,850	2,105	2,340	12/12,979	24,600	12/37,579
1951........	114	659	2/2,071	1,616	917	5,100	2,200	2,215	14,892	24,300	39,192
1952........	109	632	2/2,148	1,806	874	5,140	2,030	2,273	15,012	24,900	39,912
1953........	101	592	2/2,219	1,993	912	5,260	1,969	2,363	15,409	24,300	39,709
1954........	103	565	2/2,152	2,019	871	5,351	1,844	2,345	15,250	25,200	40,450
1955........	106	564	2/2,096	2,056	859	5,455	1,914	2,496	15,546	26,400	41,946
1956........	112	577	2/2,084	2,100	891	5,600	1,950	2,422	15,736	27,700	43,436
1957........	114	564	2/2,071	2,115	891	5,767	1,910	2,562	15,994	29,000	44,994
1958........	117	547	1/2,066	2,113	895	5,931	1,942	2,634	16,245	31,400	47,645
1959........	129	534	1/2,080	2,134	897	6,025	2,137	2,503	16,439	33,300	49,739
1960........	140	509	1/2,072	2,158	879	5,885	2,156	2,536	16,335	33,900	50,235
1961........	146	547	1/2,047	2,175	836	5,915	2,240	2,678	16,584	34,800	51,384
1962........	147	599	1/2,062	2,170	828	6,022	2,144	2,763	16,735	36,300	53,035
1963........	148	600	1/2,045	2,092	777	6,070	2,026	2,721	16,479	38,000	54,479
1964........	149	568	1/1,984	2,102	767	6,013	1,960	2,610	16,153	38,300	54,453
1965........	157	576	1/1,959	2,132	798	5,920	1,901	2,520	15,963	38,800	54,763
1966........	n.a.	581	1/1,948	2,169	766	6,014	2,008	2,622	13/16,108	40,140	13/56,248
1967........	n.a.	578	1/1,952	2,196	763	6,143	2,127	2,745	13/16,504	41,188	13/57,692
1968........	n.a.	586	1/1,929	2,188	779	6,194	2,218	2,855	13/16,749	41,567	13/58,316
1969........	n.a.	579	1/1,903	2,166	749	6,250	2,202	2,865	13/16,714	41,180	13/57,894
1970........	n.a.	574	1/1,884	2,167	738	6,082	2,229	2,786	13/16,460	40,527	13/56,987

1/ December census of previous year. 2/ January census. 3/ March census. 4/ June census. 5/ 1939. 6/ 1940. 7/ 1934-38 average. 8/ 1935. 9/ 1938. 10/ 1931. 11/ Prewar data not added because of different base years. 12/ Excludes Albania and East Germany. 13/ Excludes Albania.

n.a. = Not available.

Table 74.--Swine: Numbers, prewar and 1950-70

Year	Eastern Europe									U.S.S.R. 2/	U.S.S.R. and Eastern Europe
	Albania 1/	Bulgaria 2/	Czecho-slovakia	East Germany 1/	Hungary 3/	Poland 4/	Romania 2/	Yugo-slavia 2/	Total		
						- - - - Thousands - - - -					
Prewar......:	5/15	6/743	2/7/3,144	5/5,707	8/4,674	9/9,684	9/2,761	10/4,457	11/ 5/25,200		11/
1950........:	n.a.	1,038	2/4,218	3,311	5,542	9,350	2,211	4,295	12/29,965	22,200	12/52,165
1951........:	47	818	2/3,802	5,705	4,298	8,450	2,197	3,917	29,234	24,400	53,634
1952........:	56	1,058	2/4,234	7,088	4,740	8,648	2,587	3,992	32,403	27,100	59,503
1953........:	41	1,337	2/4,918	9,100	4,977	9,730	3,654	4,527	38,284	28,500	66,784
1954........:	67	1,435	2/4,174	8,208	4,454	9,788	4,088	4,310	36,524	33,300	69,824
1955........:	77	1,316	2/4,771	8,367	5,818	10,888	4,370	4,780	40,387	30,900	71,287
1956........:	86	1,412	2/5,285	9,029	6,056	11,561	4,950	4,655	43,034	34,000	77,034
1957........:	76	1,468	2/5,369	8,326	4,996	12,325	3,900	3,705	40,165	40,800	80,965
1958........:	96	1,993	1/5,435	8,255	5,338	11,959	3,249	4,226	40,551	44,300	84,851
1959........:	109	2,052	1/5,283	7,504	6,225	11,209	4,008	5,657	42,047	48,700	90,747
1960........:	120	2,266	1/5,687	8,283	5,356	12,615	4,300	6,210	44,837	53,400	98,237
1961........:	130	2,553	1/5,962	8,316	5,921	13,434	4,300	5,818	46,434	58,700	105,134
1962........:	128	2,331	1/5,895	8,864	6,408	13,617	4,665	5,161	47,069	66,700	113,769
1963........:	108	2,066	1/5,897	8,045	5,428	11,653	4,518	5,013	42,728	70,000	112,728
1964........:	112	2,097	1/5,845	9,288	6,358	12,918	4,658	6,100	47,376	40,900	88,276
1965........:	147	2,607	1/6,139	8,759	6,963	13,779	6,034	6,985	51,413	52,800	104,213
1966........:	n.a.	2,408	1/5,544	8,878	5,799	14,251	5,365	5,118	12/47,363	59,576	12/106,939
1967........:	n.a.	2,276	1/5,305	9,312	6,005	14,233	5,400	5,525	12/48,056	58,028	12/106,084
1968........:	n.a.	2,314	1/5,601	9,254	6,609	13,911	5,752	5,865	12/49,306	50,867	12/100,173
1969........:	n.a.	2,140	1/5,136	9,223	5,334	14,356	5,853	5,093	12/47,135	49,047	12/ 96,182
1970........:	n.a.	1,967	1/5,037	9,237	5,970	13,446	5,972	5,544	12/47,173	56,055	12/103,228

1/ December census of previous year. 2/ January census. 3/ March census. 4/ June census. 5/ 1939. 6/ 1940. 7/ 1934-38 average. 8/ 1935. 9/ 1938. 10/ 1931. 11/ Prewar data not added because of different base years. 12/ Excludes Albania.

n.a. = Not available.

Table 75.--Sheep: Numbers, prewar and 1950-70

Year	Eastern Europe: Albania 1/	Bulgaria 2/	Czechoslovakia	East Germany 1/	Hungary 3/	Poland 4/	Romania 2/	Yugoslavia 2/	Total	U.S.S.R. 2/	U.S.S.R. and Eastern Europe
	Thousands										
Prewar....	5/1,574	6/9,028	2/7/458	5/1,763	8/1,450	9/1,941	9/10,087	10/10,934	11/	5/69,900	11/
1950......	n.a.	8,853	2/531	898	1,049	2,199	9,834	10,046	12/33,410	77,600	12/111,010
1951......	1,707	7,820	2/596	1,085	1,143	2,574	10,222	10,276	35,423	82,600	118,023
1952......	1,559	7,569	2/800	1,240	1,481	2,895	11,599	10,522	37,665	90,500	128,165
1953......	1,476	7,759	2/982	1,428	1,637	3,330	10,914	11,404	38,930	94,300	133,230
1954......	1,602	7,867	2/1,017	1,550	1,869	4,170	10,145	12,112	40,332	99,800	140,132
1955......	1,639	7,802	2/1,017	1,712	1,857	4,243	10,882	11,979	41,131	99,000	140,131
1956......	1,734	7,828	2/1,000	1,807	1,930	4,223	11,120	11,360	41,002	103,300	144,302
1957......	1,627	7,596	2/956	1,893	1,873	4,040	10,500	10,622	39,107	108,200	147,307
1958......	1,612	7,742	1/889	2,019	2,050	3,882	10,374	10,626	39,194	120,200	159,394
1959......	1,662	8,619	1/817	2,111	2,155	3,778	10,662	11,249	41,053	129,900	170,953
1960......	1,615	8,769	1/727	2,115	2,381	3,662	11,200	11,449	41,918	136,100	178,018
1961......	1,549	9,333	1/646	2,015	2,643	3,494	11,500	10,823	42,003	133,000	175,003
1962......	1,586	10,161	1/603	1,930	2,850	3,251	12,285	11,143	43,809	137,500	181,309
1963......	1,576	10,107	1/524	1,792	3,043	3,056	12,168	10,055	42,321	139,700	182,021
1964......	1,581	10,308	1/527	1,899	3,305	3,022	12,400	9,707	42,749	133,900	176,649
1965......	1,682	10,440	1/568	1,972	3,400	3,061	12,734	9,433	43,298	125,200	168,490
1966......	n.a.	10,312	1/614	1,963	3,270	3,164	13,125	9,868	12/42,316	129,764	12/172,080
1967......	n.a.	9,998	1/670	1,928	3,274	3,321	14,119	10,319	12/43,629	135,483	12/179,112
1968......	n.a.	9,905	1/770	1,818	3,311	3,328	14,380	10,346	12/43,858	138,461	12/182,319
1969......	n.a.	9,652	1/906	1,794	3,277	3,239	14,298	9,730	12/42,896	140,587	12/183,483
1970......	n.a.	9,223	1/977	1,696	3,024	3,199	13,836	8,974	12/40,929	130,655	12/171,584

1/ December census of previous year. 2/ January census. 3/ March census. 4/ June census. 5/ 1939. 6/ 1940. 7/ 1934-38 average. 8/ 1935. 9/ 1938. 10/ 1931. 11/ Prewar data not added because of different base years. 12/ Excludes Albania.

n.a. = Not available.

Table 76.--Horses: Numbers, prewar and 1950-70

Year	Eastern Europe: Albania 1/	Bulgaria 2/	Czecho-slovakia	East Germany 1/	Hungary 3/	Poland 4/	Romania 2/	Yugo-slavia 2/	Total	U.S.S.R. 2/	U.S.S.R. and Eastern Europe
	Thousands										
Prewar......	5/54	6/614	2/7/656	5/816	8/886	9/3,149	9/1,581	10/1,333	11/	5/17,200	11/
1950........	n.a.	516	2/629	694	712	2,800	971	1,097	7,419	12,700	20,119
1951........	51	498	2/605	723	697	2,870	1,002	1,095	7,541	13,800	21,341
1952........	49	473	2/572	745	698	2,745	1,073	1,103	7,458	14,700	22,158
1953........	47	471	2/559	749	681	2,722	1,073	1,126	7,428	15,300	22,728
1954........	47	467	2/544	727	683	2,650	1,067	1,193	7,378	15,300	22,678
1955........	47	468	2/543	695	711	2,560	1,120	1,242	7,386	14,200	21,586
1956........	49	472	2/543	669	729	2,547	1,150	1,296	7,455	13,000	20,455
1957........	49	460	2/542	641	720	2,623	1,200	1,307	7,542	12,400	19,942
1958........	50	431	1/517	624	724	2,733	1,309	1,296	7,684	11,900	19,584
1959........	49	382	1/456	607	717	2,839	1,223	1,274	7,547	11,500	19,047
1960........	49	334	1/389	560	628	2,805	1,110	1,272	7,147	11,000	18,147
1961........	49	312	1/330	447	463	2,730	1,000	1,220	6,531	9,900	16,431
1962........	49	301	1/292	403	374	2,657	1,013	1,226	6,315	9,400	15,715
1963........	46	277	1/254	369	339	2,620	780	1,175	5,860	9,100	14,960
1964........	45	256	1/227	341	323	2,593	709	1,140	5,634	8,500	14,134
1965........	44	249	1/204	306	321	2,554	689	1,109	5,476	7,900	13,376
1966........	n.a.	240	1/188	272	295	2,590	689	1,131	12/5,405	7,977	12/13,382
1967........	n.a.	229	1/177	250	287	2,643	705	1,134	12/5,425	7,990	12/13,415
1968........	n.a.	224	1/166	219	274	2,673	715	1,126	12/5,397	8,026	12/13,423
1969........	n.a.	199	1/156	188	249	2,633	702	1,109	12/5,236	7,975	12/13,211
1970........	n.a.	182	1/144	148	231	2,585	686	1,076	12/5,052	7,522	12/12,574

1/ December census of previous year. 2/ January census. 3/ March census. 4/ June census. 5/ 1939. 6/ 1940. 7/ 1934-38 average. 8/ 1935. 9/ 1938. 10/ 1931. 11/ Prewar data not added because of different base years. 12/ Excludes Albania.

n.a. = Not available.

Table 77.--Poultry: Numbers, prewar and 1950-70

Year	Eastern Europe									U.S.S.R. 2/	U.S.S.R. and Eastern Europe 4/
	Albania 1/	Bulgaria 2/	Czechoslovakia	East Germany 1/	Hungary 3/	Poland 1/	Romania 2/	Yugoslavia 2/	Total 4/		
	Thousands										
Prewar..	5/1,037	n.a.	2/6/39,675	5/21,690	7/21,919	n.a.	8/27,324	9/19,939	10/	11/255,700	10/
1950....	n.a.	10,359	2/17,794	n.a.	n.a.	46,240	17,507	20,207	65,867	n.a.	n.a.
1951....	660	9,703	2/18,206	22,726	18,830	n.a.	17,610	17,174	104,909	292,800	397,709
1952....	689	11,592	2/18,690	26,585	18,190	n.a.	27,207	20,440	123,393	n.a.	n.a.
1953....	694	12,610	2/20,787	27,230	16,488	n.a.	27,233	19,665	124,707	n.a.	n.a.
1954....	1,047	12,851	2/21,094	25,834	18,937	n.a.	27,500	25,450	132,713	400,400	533,113
1955....	1,099	13,611	2/22,540	26,872	22,815	53,700	29,500	24,837	141,274	n.a.	n.a.
1956....	1,201	13,817	2/23,367	27,300	22,779	n.a.	33,000	25,928	147,392	390,000	537,392
1957....	1,125	14,117	2/23,876	28,732	23,880	n.a.	35,000	25,992	152,722	432,100	584,822
1958....	1,202	14,302	1/24,251	31,391	12/26,114	n.a.	35,000	28,508	160,768	449,700	610,468
1959....	1,430	15,236	1/25,364	33,138	12/26,698	n.a.	35,000	27,721	164,587	482,800	647,387
1960....	1,592	21,666	1/27,569	38,604	27,066	71,858	37,000	30,343	183,840	514,300	698,140
1961....	1,580	23,366	1/28,157	36,910	27,228	77,825	38,000	28,878	184,119	515,600	699,719
1962....	1,677	22,800	1/28,805	35,878	28,258	75,770	44,692	28,304	190,414	542,600	733,014
1963....	1,651	20,969	1/28,032	35,626	37,292	79,270	34,150	29,939	266,929	817,329	803,655
1964....	1,692	21,922	1/30,093	39,580	47,893	81,434	38,358	32,473	293,445	742,345	721,628
1965....	1,671	21,883	1/28,840	38,210	48,594	80,288	39,910	31,429	290,825	456,000	647,939
1966....	n.a.	20,845	1/27,752	37,988	50,003	81,026	40,085	31,685	289,384	779,884	1,069,268
1967....	n.a.	23,637	1/29,466	37,070	56,489	80,117	43,966	35,153	305,898	516,200	822,098
1968....	n.a.	27,726	1/31,208	37,976	56,902	84,269	47,148	35,974	321,203	528,200	849,403
1969....	n.a.	24,874	1/32,544	38,802	49,168	85,498	47,618	37,142	315,646	546,900	862,546
1970....	n.a.	29,590	1/39,187	42,565	62,972	87,561	53,894	40,854	317,436	590,300	907,736

1/ December census of previous year. 2/ January census. 3/ March census. 4/ Reported data only. 5/ 1938. 6/ Summer flock 1935-38. 7/ 1939. 8/ 1935. 9/ 1931. 10/ Prewar data not added because of different base years. 11/ 1940. 12/ End of year estimate.

n.a. = Not available.

Table 78.--Meat (liveweight): Production, prewar and 1950-70

Year	Eastern Europe: Albania	Bulgaria	Czecho-slovakia	East Germany	Hungary	Poland 1/	Romania	Yugo-slavia	Total 2/	U.S.S.R.	U.S.S.R. and Eastern Europe 2/
	1,000 tons										
Prewar....:	n.a.	3/319.8	n.a.	n.a.	n.a.	4/1,208.0	4/760	3/760	5/	6/7,502	5/
1950......:	n.a.	310.3	796	624.7	n.a.	1,634.8	595	689	4,649.8	8,125	12,823.8
1951......:	n.a.	301.7	665	845.1	n.a.	1,489.3	n.a.	627	4,628.1	7,600	12,228.1
1952......:	n.a.	313.4	742	1,094.0	n.a.	1,410.4	n.a.	551	4,835.8	8,500	13,335.8
1953......:	n.a.	352.0	699	1,176.9	n.a.	1,558.8	n.a.	676	5,146.7	9,394	14,540.7
1954......:	n.a.	387.0	691	1,125.2	n.a.	1,544.0	n.a.	747	5,255.2	10,007	15,262.2
1955......:	n.a.	356.4	768	1,202.3	n.a.	1,702.6	787	791	5,607.3	10,215	15,921.3
1956......:	n.a.	401.8	858	1,198.8	n.a.	1,904.7	n.a.	835	6,016.3	10,653	16,669.3
1957......:	n.a.	407.2	900	1,271.0	n.a.	2,053.4	n.a.	834	6,266.6	11,633	17,899.6
1958......:	n.a.	483.5	892	1,280.3	n.a.	2,216.2	n.a.	849	6,573.0	12,276	18,849.0
1959......:	n.a.	481.4	903	1,266.4	n.a.	2,155.7	n.a.	1,030	6,739.5	14,209	20,948.5
1960......:	n.a.	417.3	930	1,362.7	n.a.	2,195.0	943	1,120	6,968.0	14,015	21,009.0
1961......:	n.a.	488.4	962	1,406.8	n.a.	2,431.8	971	1,089	7,349.0	n.a.	n.a.
1962......:	n.a.	525.1	993	1,225.2	956.2	2,504.8	1,068	1,220	8,569.1	n.a.	n.a.
1963......:	n.a.	496.8	989	1,346.3	1,138.2	2,333.8	841	1,197	8,778.9	n.a.	n.a.
1964......:	n.a.	545.0	1,060	1,494.3	1,109.5	2,392.3	984	1,287	8,858.1	n.a.	n.a.
1965......:	n.a.	647.0	1,156	1,577.5	1,200.2	2,558.9	1,047	1,350	9,136.3	n.a.	n.a.
1966......:	n.a.	680.0	1,123	1,660.3	1,219.6	2,624.7	1,128	1,268	9,703.8	n.a.	n.a.
1967......:	n.a.	694.0	1,175	1,730.6	1,211.0	2,724.0	1,237	1,355	10,126.6	n.a.	n.a.
1968......:	n.a.	762.0	1,275	1,797.9	1,351.0	2,783.1	1,354	1,478	10,801.0	n.a.	n.a.
1969......:	n.a.	700.0	1,211	1,824.7	1,302.0	2,901.7	1,326	1,421	10,686.4	n.a.	n.a.
1970......:	n.a.	684.0	1,234	1,800.4	1,343.0	2,789.5	1,349	1,457	10,656.9	n.a.	n.a.

1/ Excludes poultry. 2/ Reported data only. 3/ 1939. 4/ 1938. 5/ Prewar data not added because of different base years. 6/ 1940.

n.a. = Not available.

Table 79.--Meat (carcass weight): Production, prewar and 1950-70

Year	Eastern Europe									:U.S.S.R.:	U.S.S.R. and Eastern Europe 2/
	Albania	Bulgaria	Czecho-slovakia	East Germany	Hungary 1/	Poland	Romania	Yugo-slavia	Total 2/		
	- 1,000 tons -										
Prewar......:	n.a.	3/173.2	n.a.	n.a.	4/350.0	5/967.0	n.a.	3/440		6/4,695	
1950........:	n.a.	171.0	648	n.a.	388.0	1,323.0	n.a.	359		4,867	
1951........:	n.a.	n.a.	n.a.	n.a.	351.8	1,207.4	n.a.	324		4,700	
1952........:	n.a.	171.3	n.a.	n.a.	408.0	1,150.8	n.a.	303		5,200	
1953........:	n.a.	n.a.	n.a.	n.a.	304.4	1,267.8	n.a.	378		5,822	
1954........:	n.a.	n.a.	n.a.	n.a.	371.1	1,259.9	n.a.	401		6,281	
1955........:	n.a.	n.a.	660	900		1,377.6	n.a.	433		6,322	
1956........:	n.a.	230.9	n.a.	n.a.	476.7	1,529.2	n.a.	462		6,598	
1957........:	n.a.	n.a.	n.a.	n.a.	454.5	1,662.2	n.a.	449		7,374	
1958........:	n.a.	n.a.	n.a.	n.a.	489.9	1,783.3	n.a.	469		7,700	
1959........:	n.a.	n.a.	n.a.	n.a.	562.2	1,713.1	n.a.	542		8,918	
1960........:	n.a.	257.0	802	1,021	537.6	1,755.5	561	602		8,682	
1961........:	n.a.	n.a.	n.a.	n.a.	562.4	1,915.8	n.a.	589		8,700	
1962........:	n.a.	311.5	n.a.	n.a.	581.9	1,942.5	n.a.	622		9,462	
1963........:	n.a.	289.3	n.a.	n.a.	586.9	1,818.1	n.a.	611		10,195	
1964........:	n.a.	319.7	n.a.	n.a.	575.8	1,840.4	n.a.	657		8,287	
1965........:	n.a.	385.4	978	1,126	622.0	2,015.1	657	757		9,956	
1966........:	n.a.	406.6	949	1,172	623.6	2,086.0	706	686		10,704	
1967........:	n.a.	422.0	1,002	1,221	637.9	2,129.7	775	751		11,515	
1968........:	n.a.	460.0	1,096	1,274	705.2	2,160.4	837	818		11,648	
1969........:	n.a.	428.0	1,047	1,287	723.5	2,240.0	834	258		11,770	
1970........:	n.a.	416.0	1,098	1,271	n.a.	2,260.7	857	233		12,298	

1/ Includes exports of live animals converted to carcass weight. 2/ Prewar data not added because of numerous gaps in information. 3/ 1939. 4/ 1934-38 average. 5/ 1938. 6/ 1940.
n.a. = Not available.

Table 80.--Beef and veal (liveweight): Production, prewar and 1950-70

Year	Eastern Europe									U.S.S.R.	U.S.S.R. and Eastern Europe
	Albania	Bulgaria	Czecho- slovakia	East Germany	Hungary	Poland	Romania 1/	Yugo- slavia 2/	Total 3/		
							- - 1,000 tons - -				
Prewar......:	n.a.	4/88.5	n.a.	n.a.	n.a.	5/495.0	5/248	4/202	6/	n.a.	
1950........:	n.a.	91.4	334	n.a.	n.a.	439.0	281	264	1,409.0	n.a.	
1951........:	n.a.	89.9	324	n.a.	n.a.	392.1	313	162	1,281.0	n.a.	
1952........:	n.a	87.4	344	n.a.	n.a.	397.6	328	161	1,318.0	n.a.	
1953........:	n.a.	87.4	344	n.a.	n.a.	423.3	281	183	1,318.7	n.a.	
1954........:	n.a.	86.9	309	n.a.	n.a.	395.0	307	175	1,272.9	n.a.	
1955........:	n.a.	101.9	314	261.1	n.a.	442.8	330	216	1,665.8	n.a.	
1956........:	n.a.	127.4	335	257.2	n.a.	506.1	342	239	1,806.7	n.a.	
1957........:	n.a.	128.9	357	283.7	n.a.	494.0	315	275	1,853.6	n.a.	
1958........:	n.a.	138.0	350	280.1	n.a.	594.3	349	264	1,975.4	n.a.	
1959........:	n.a.	131.0	352	336.7	n.a.	643.3	362	259	2,084.0	n.a.	
1960........:	n.a.	77.3	377	376.1	n.a.	640.0	386	284	2,140.4	n.a.	
1961........:	n.a.	108.4	384	420.4	n.a.	671.2	428	304	2,316.0	n.a.	
1962........:	n.a.	137.5	427	415.0	267.2	774.1	382	448	2,850.8	n.a.	
1963........:	n.a.	148.4	410	385.4	271.2	855.6	352	440	2,862.6	n.a.	
1964........:	n.a.	149.1	442	407.4	234.7	911.1	386	405	2,935.2	n.a.	
1965........:	n.a.	161.1	462	440.0	258.5	834.8	n.a.	361	2,517.4	n.a.	
1966........:	n.a.	186.0	482	498.6	279.7	844.7	n.a.	432	2,722.5	n.a.	
1967........:	n.a.	184.7	528	539.2	283.5	968.0	n.a.	479	2,982.4	n.a.	
1968........:	n.a.	204.0	586	559.3	306.1	1,049.5	n.a.	531	3,235.9	n.a.	
1969........:	n.a.	182.2	557	574.7	349.0	1,119.7	n.a.	517	3,299.6	n.a.	
1970........:	n.a.	171.6	553	600.0	324.0	1,088.9	n.a.	454	3,191.5	n.a.	

1/ Beef only. Includes offspring and liveweight increase during the year. 2/ Beef only. 3/ Reported data only.
4/ 1939. 5/ 1938. 6/ Prewar data not added because of different base years.
n.a. = Not available.

Table 81.--Beef and veal (carcass weight): Production, prewar and 1950-70

Year	Eastern Europe									U.S.S.R.	U.S.S.R. and Eastern Europe 3/
	Albania	Bulgaria	Czecho-slovakia	East Germany	Hungary 1/	Poland	Romania	Yugo-slavia 2/	Total 3/		
						1,000 tons					
Prewar......:	n.a.	4/37.9	n.a.	n.a.	5/96	6/267.0	n.a.	4/107		7/1,908	
1950........:	n.a.	39.3	200	n.a.	96	219.7	n.a.	133		2,355	
1951........:	n.a.	n.a.	n.a.	n.a.	68.0	198.7	n.a.	81		n.a.	
1952........:	n.a.	37.1	n.a.	n.a.	76.5	202.9	n.a.	82		n.a.	
1953........:	n.a.	n.a.	n.a.	n.a.	77.8	215.4	n.a.	91		2,090	
1954........:	n.a.	n.a.	n.a.	n.a.	76.8	201.0	n.a.	90		2,091	
1955........:	n.a.	n.a.	197	152	82.7	224.0	n.a.	114		2,181	
1956........:	n.a.	57.7	n.a.	n.a.	96.6	253.3	n.a.	123		2,348	
1957........:	n.a.	n.a.	n.a.	n.a.	107.9	250.1	n.a.	138		2,407	
1958........:	n.a.	n.a.	n.a.	n.a.	109.0	309.9	n.a.	132		2,715	
1959........:	n.a.	n.a.	n.a.	n.a.	122.9	338.5	n.a.	129		3,226	
1960........:	n.a.	36.8	240	232	135.8	333.7	169	138		3,252	
1961........:	n.a.	n.a.	n.a.	n.a.	134.2	339.9		154		2,900	
1962........:	n.a.	67.1	n.a.	n.a.	144.2	395.2	n.a.	216		3,300	
1963........:	n.a.	71.5	n.a.	n.a.	148.8	443.4	n.a.	208		3,700	
1964........:	n.a.	71.8	n.a.	n.a.	128.8	461.9	n.a.	180		3,600	
1965........:	n.a.	78.1	298	247	140.2	433.5	164	183		3,917	
1966........:	n.a.	91.0	312	279	144.3	439.6	197	216		4,377	
1967........:	n.a.	95.0	345	303	157.5	498.5	218	239		5,081	
1968........:	n.a.	105.3	376	313	175.0	541.9	257	269		5,513	
1969........:	n.a.	93.7	361	328	198.1	578.7	235	258		5,569	
1970........:	n.a.	90.4	362	343	177.0	562.7	221	233		5,425	

1/ Includes exports of live animals converted to carcass weight. 2/ Beef and buffalo. 3/ Not added because of numerous gaps in information. 4/ 1939. 5/ 1934-38 average. 6/ 1938. 7/ 1940.

n.a. = Not available.

Table 82.--Pork (liveweight): Production, prewar and 1950-70

Year	Eastern Europe									:U.S.S.R.:	U.S.S.R. and Eastern Europe
	Albania	Bulgaria	Czecho- slovakia	East Germany	Hungary	Poland	Romania 1/	Yugo- slavia	Total 2/		
						- - - 1,000 tons - - -					
Prewar......:	n.a.	3/92.1	n.a.	n.a.	n.a.	4/685.0	4/343	3/387	5/	n.a.	
1950........:	n.a.	104.4	462	420.4	n.a.	1,176.6	215	299	2,676.4	n.a.	
1951........:	n·a.	102.1	340	565.2	n.a.	1,043.3	220	327	2,597.6	n.a.	
1952........:	n.a.	92.4	397	741.1	n.a.	954.2	231	252	2,667.7	n.a.	
1953........:	n.a.	159.7	356	800.3	n.a.	1,065.0	249	332	2,962.0	n.a.	
1954........:	n.a.	182.0	381	784.1	n.a.	1,080.0	307	408	3,142.1	n.a.	
1955........:	n.a.	148.4	455	828.8	n.a.	1,183.2	401	415	3,431.4	n.a.	
1956........:	n.a.	149.9	523	834.0	n.a.	1,333.2	326	412	3,578.1	n.a.	
1957........:	n.a.	150.7	543	876.5	n.a.	1,496.6	311	384	3,761.8	n.a.	
1958........:	n.a.	206.5	542	881.6	n.a.	1,558.8	312	410	3,910.9	n.a.	
1959........:	n.a.	191.9	550	800.8	n.a.	1,418.6	356	569	3,886.3	n.a.	
1960........:	n.a.	195.4	552	842.6	n.a.	1,452.2	376	625	4,043.2	n.a.	
1961........:	n.a.	219.9	578	844.7	n.a.	1,662.1	399	592	4,295.7	n.a.	
1962........:	n.a.	214.5	566	671.7	642.4	1,641.0	412	565	4,712.6	n.a.	
1963........:	n.a.	180.3	578	813.0	646.3	1,402.4	339	559	4,518.0	n.a.	
1964........:	n.a.	203.9	619	935.5	645.6	1,407.9	469	679	4,960.1	n.a.	
1965........:	n.a.	271.8	694	997.0	703.2	1,659.2	482	791	5,598.0	n.a.	
1966........:	n.a.	261.0	642	1,022.4	694.2	1,708.9	501	619	5,448.2	n.a.	
1967........:	n.a.	254.3	647	1,052.0	655.2	1,686.6	541	642	5,478.1	n.a.	
1968........:	n.a.	282.3	688	1,093.1	750.0	1,650.6	559	683	5,706.0	n.a.	
1969........:	n.a.	243.4	654	1,094.2	661.0	1,691.6	560	619	4,869.2	n.a.	
1970........:	n·a·	213.2	681	1,040.4	691.0	1,653.7	604	714	5,597.3	n.a.	

1/ Includes offspring and live weight increase during the year. 2/ Reported data only. 3/ 1939. 4/ 1938.
5/ Prewar data not added because of different base years.
n.a. = Not available.

Table 83.--Pork (carcass weight): Production, prewar and 1950-70

Year	Eastern Europe									U.S.S.R.	U.S.S.R. and Eastern Europe 2/
	Albania	Bulgaria	Czecho-slovakia	East Germany	Hungary 1/	Poland	Romania	Yugo-slavia	Total 2/		
	1,000 tons										
Prewar......	n.a.	3/64.3	n.a.	n.a.	4/155.0	5/558.6	n.a.	3/195		6/1,727	
1950........	n.a.	73.4	399	n.a.	194.0	957.8	n.a.	145		1,478	
1951........	n.a.	n.a.	n.a.	n.a.	155.1	848.9	n.a.	158		n.a.	
1952........	n.a.	64.6	n.a.	n.a.	207.8	776.0	n.a.	117		n.a.	
1953........	n.a.	n.a.	n.a.	n.a.	140.5	865.5	n.a.	167		2,305	
1954........	n.a.	n.a.	n.a.	n.a.	189.6	877.6	n.a.	188		2,715	
1955........	n.a.	n.a.	398	671	217.2	965.5	n.a.	198		2,529	
1956........	n.a.	107.8	n.a.	n.a.	245.1	1,084.8	n.a.	206		2,666	
1957........	n.a.	n.a.	n.a.	n.a.	215.1	1,217.9	n.a.	174		3,344	
1958........	n.a.	n.a.	n.a.	n.a.	241.0	1,263.9	n.a.	191		3,264	
1959........	n.a.	n.a.	n.a.	n.a.	279.6	1,142.5	n.a.	242		3,633	
1960........	n.a.	137.4	483	687	254.1	1,177.2	216	291		3,276	
1961........	n.a.	n.a.	n.a.	n.a.	279.1	1,319.6	n.a.	275		3,700	
1962........	n.a.	146.3	n.a.	n.a.	291.3	1,284.3	n.a.	239		4,000	
1963........	n.a.	123.1	n.a.	n.a.	289.0	1,119.6	n.a.	246		4,300	
1964........	n.a.	138.4	n.a.	n.a.	289.7	1,101.6	n.a.	314		2,800	
1965........	n.a.	187.6	608	781	320.3	1,306.5	357	395		4,143	
1966	n.a.	181.5	562	796	310.1	1,345.1	372	287		4,465	
1967	n.a.	178.0	574	820	297.3	1,312.9	406	309		4,456	
1968	n.a.	194.5	596	858	341.7	1,285.8	420	323		4,079	
1969	n.a.	166.9	559	847	301.9	1,308.9	417	287		4,094	
1970	n.a.	147.8	586	815	322.0	1,278.8	450	339		4,542	

1/ Includes exports of live animals converted to carcass weight. 2/ Not added because of numerous gaps in information. 3/ 1939. 4/ 1934-38 average. 5/ 1938. 6/ 1940.

n.a. = Not available.

Table 84.--Mutton, lamb, and goat (liveweight): Production, prewar and 1950-70

Year		Eastern Europe									U.S.S.R.	U.S.S.R. and Eastern Europe 3/
	Albania	Bulgaria	Czecho-slovakia	East Germany	Hungary	Poland 1/	Romania 2/	Yugo-slavia	Total 3/			
						- - - - - 1,000 tons - - - - -						
Prewar......:	n.a.	4/111.9	n.a.	n.a.	n.a.	5/25.0	5/121	4/117			n.a.	
1950........:	n.a.	93.2	n.a.	n.a.	n.a.	9.5	108	90			n.a.	
1951........:	n.a.	87.2	n.a.	n.a.	n.a.	20.0	113	90			n.a.	
1952........:	n.a.	102.9	n.a.	n.a.	n.a.	22.4	122	86			n.a.	
1953........:	n.a.	76.2	n·a.	n.a.	n.a.	23.9	109	98			n.a.	
1954........:	n.a.	93.8	n.a.	n.a.	n.a.	30.0	98	103			n.a.	
1955........:	n.a.	79.5	n.a.	n.a.	n.a.	47.8	99	100			n.a.	
1956........:	n.a.	92.2	n.a.	n.a.	n.a.	53.9	85	105			n.a.	
1957........:	n.a.	94.4	n.a.	n.a.	n.a.	58.0	107	96			n.a.	
1958........:	n.a.	96.3	n.a.	n.a.	n.a.	56.3	114	90			n.a.	
1959........:	n.a.	103.9	n.a.	n.a.	n.a.	61.5	112	114			n.a.	
1960........:	n.a.	91.3	n.a.	n.a.	n.a.	54.8	118	118			n.a.	
1961........:	n.a.	100.2	n.a.	n.a.	n.a.	52.7	132	100			n.a.	
1962........:	n.a.	121.8	n.a.	n.a.	27.1	50.3	143	118			n.a.	
1963........:	n.a.	119.8	n.a.	n.a.	27.3	44.3	125	105			n.a.	
1964........:	n.a.	140.4	n.a.	n.a.	23.1	39.5	135	105			n.a.	
1965........:	n.a.	157.4	n.a.	n.a.	29.7	39.2	n.a.	94			n.a.	
1966........:	n.a.	171.0	n.a.	n.a.	33.1	40.1	n.a.	98			n.a.	
1967........:	n.a.	178.5	n.a.	n.a.	33.1	43.5	n.a.	106			n.a.	
1968........:	n.a.	182.2	n.a.	n.a.	34.5	47.3	n.a.	121			n.a.	
1969........:	n.a.	172.7	n.a.	n.a.	41.0	48.5	n.a.	118			n.a.	
1970........:	n.a.	163.6	n.a.	n.a.	37.0	46.9	n.a.	103			n.a.	

1/ Mutton only. 2/ Includes offspring and liveweight increase during the year. 3/ Not added because of numerous gaps in information. 4/ 1939. 5/ 1938.
n.a. = Not available.

Table 85.--Mutton, lamb, and goat (carcass weight): Production, prewar and 1950-70

Year	Eastern Europe									U.S.S.R.	U.S.S.R. and Eastern Europe 3/
	Albania	Bulgaria	Czecho-slovakia	East Germany	Hungary 1/	Poland 2/	Romania	Yugo-slavia	Total 3/		
					- - - - 1,000 tons - - - -						
Prewar......:	n.a.	4/49.5	n.a.	n.a.	5/9.0	6/12.1	n.a.	4/65		7/736	
1950........:	n.a.	41.5	7.7	n.a.	8.0	4.6	n.a.	30		690	
1951........:	n.a.	n.a.	n.a.	n.a.	5.1	9.6	n.a.	30		n.a.	
1952........:	n.a.	45.2	n.a.	n.a.	5.9	10.8	n.a.	48		n.a.	
1953........:	n.a.	n.a.	n.a.	n.a.	6.7	11.5	n.a.	52		714	
1954........:	n.a.	n.a.	n.a.	n.a.	8.5	14.5	n.a.	54		709	
1955........:	n.a.	n.a.	6.7	24.4	7.0	23.0	n.a.	52		826	
1956........:	n.a.	40.7	n.a.	n.a.	8.2	26.0	n.a.	53		829	
1957........:	n.a.	n.a.	n.a.	n.a.	7.0	28.0	n.a.	49		777	
1958........:	n.a.	n.a.	n.a.	n.a.	8.4	27.7	n.a.	44		885	
1959........:	n.a.	n.a.	n.a.	n.a.	9.4	30.9	n.a.	60		1,063	
1960........:	n.a.	45.1	9.7	30.9	9.7	27.5	54.3	59		1,019	
1961........:	n.a.	n.a.	n.a.	n.a.	13.2	26:0	n.a.	46		1,000	
1962........:	n.a.	58.2	n.a.	n.a.	14.4	24.7	n.a.	54		1,100	
1963........:	n.a.	56.4	n.a.	n.a.	12.6	21.8	n.a.	45		1,100	
1964........:	n.a.	67.9	n.a.	n.a.	10.5	19.4	n.a.	42		1,100	
1965........:	n.a.	73.9	6.8	15.5	13.4	19.6	49.7	44		1,013	
1966........:	n.a.	83.8	5.6	15.1	15.4	20.2	48.7	46		933	
1967........:	n.a.	86.0	5.7	11.7	15.5	21.9	57.6	50		1,028	
1968........:	n.a.	88.3	5.5	10.6	15.4	23.8	62.0	55		1,029	
1969........:	n.a.	86.6	6.3	11.8	19.4	23.7	65.3	51		969	
1970........:	n.a.	82.0	7.5	10.6	19.0	23.0	64.1	47		1,009	

1/ Mutton only. Includes exports of live animals converted to carcass weight. 2/ Mutton only. 3/ Not added because of numerous gaps in information. 4/ 1939. 5/ 1934-38 average. 6/ 1938. 7/ 1940.
n.a. = Not available.

92

Table 86.--Poultry meat (liveweight): Production, prewar and 1950-70

Year	Eastern Europe									U.S.S.R.	U.S.S.R. and Eastern Europe 2/
	Albania	Bulgaria	Czecho-slovakia	East Germany	Hungary	Poland	Romania 1/	Yugo-slavia	Total 2/		
	1,000 tons										
Prewar	n.a.	3/26.0	n.a.	n.a.	n.a.	n.a.	4/68	3/54		n.a.	
1950	n.a.	20.2	n.a.	n.a.	n.a.	55.0	41	36		n.a.	
1951	n.a.	n.a.	n.a.	n.a.	n.a.	59.7	54	48		n.a.	
1952	n.a.	30.0	n.a.	n.a.	n.a.	72.3	44	52		n.a.	
1953	n.a.	n.a.	n.a.	n.a.	n.a.	78.7	45	63		n.a.	
1954	n.a.	n.a.	n.a.	n.a.	n.a.	79.1	49	61		n.a.	
1955	n.a.	24.6	n.a.	44.2	n.a.	74.7	56	60		n.a.	
1956	n.a.	28.6	n.a.	42.4	n.a.	77.3	65	79		n.a.	
1957	n.a.	28.3	n.a.	49.4	n.a.	88.0	68	79		n.a.	
1958	n.a.	35.9	n.a.	55.9	n.a.	84.9	77	73		n.a.	
1959	n.a.	45.6	n.a.	62.4	n.a.	90.3	73	76		n.a.	
1960	n.a.	44.6	n.a.	73.2	n.a.	99.1	89	87		n.a.	
1961	n.a.	46.8	n.a.	80.0	n.a.	112.8	98	81		n.a.	
1962	n.a.	44.8	n.a.	80.9	173.5	119.3	99	81		n.a.	
1963	n.a.	44.7	n.a.	88.5	184.0	116.0	94	87		n.a.	
1964	n.a.	48.8	n.a.	89.5	198.6	129.9	112	94		n.a.	
1965	n.a.	53.7	n.a.	89.7	200.7	140.4	n.a.	102		n.a.	
1966	n.a.	58.8	n.a.	90.8	211.2	159.3	n.a.	119		n.a.	
1967	n.a.	74.2	n.a.	95.6	228.3	166.0	n.a.	128		n.a.	
1968	n.a.	89.0	n.a.	102.2	250.0	178.4	n.a.	143		n.a.	
1969	n.a.	98.1	n.a.	109.8	239.0	191.4	n.a.	167		n.a.	
1970	n.a.	130.0	n.a.	114.2	281.0	198.0	n.a.	186		n.a.	

1/ Includes offspring and liveweight increase during the year. 2/ Not added because of numerous gaps in information. 3/ 1939. 4/ 1938.
n.a. = Not available.

Table 87.--Poultry meat (carcass weight): Production, prewar and 1950-70

Year	Eastern Europe									U.S.S.R.	U.S.S.R. and Eastern Europe 2/
	Albania	Bulgaria	Czecho-slovakia	East Germany	Hungary 1/	Poland	Romania	Yugo-slavia	Total 2/		
	1,000 tons										
Prewar......	n.a.	3/20.8	n.a.	n.a.	4/83.0	5/40.8	n.a.	3/53		6/289	
1950........	n.a.	16.2	23.9	n.a.	87.0	33.4	n.a.	29		278	
1951........	n.a.	n.a.	n.a.	n.a.	114.9	36.3	n.a.	38		n.a.	
1952........	n.a.	24.0	n.a.	n.a.	112.7	44.0	n.a.	42		n.a.	
1953........	n.a.	n.a.	n.a.	n.a.	74.1	48.1	n.a.	50		513	
1954........	n.a.	n.a.	n.a.	n.a.	93.2	48.3	n.a.	49		480	
1955........	n.a.	n.a.	35.6	36.7	119.1	45.5	n.a.	48		455	
1956........	n.a.	22.9	n.a.	n.a.	115.6	46.7	n.a.	56		475	
1957........	n.a.	n.a.	n.a.	n.a.	118.4	49.3	n.a.	61		584	
1958........	n.a.	n.a.	n.a.	n.a.	121.6	51.3	n.a.	62		600	
1959........	n.a.	n.a.	n.a.	n.a.	127.0	55.0	n.a.	65		731	
1960........	n.a.	36.3	45.8	57.5	107.2	62.3	61.3	68		766	
1961........	n.a.	n.a.	n.a.	n.a.	114.6	70.8	n.a.	67		800	
1962........	n.a.	36.4	n.a.	n.a.	122.2	75.0	n.a.	66		800	
1963........	n.a.	36.3	n.a.	n.a.	131.4	72.9	n.a.	67		800	
1964........	n.a.	40.1	n.a.	n.a.	142.8	81.8	n.a.	73		600	
1965........	n.a.	44.2	53.2	66.0	143.8	88.7	86.5	80		696	
1966........	n.a.	48.5	57.1	67.4	151.4	103.5	88.5	88		745	
1967........	n.a.	62.1	65.4	71.4	163.1	107.4	93.2	95		764	
1968........	n.a.	69.9	78.5	76.0	165.8	114.3	98.4	107		817	
1969........	n.a.	78.3	80.5	82.8	177.0	123.7	116.0	120		866	
1970........	n.a.	92.7	103.0	85.1	192.0	127.9	122.0	142		1,071	

1/ Slaughtered weight excluding fats. 2/ Not added because of numerous gaps in information. 3/ 1939. 4/ 1934-38 average. 5/ 1938. 6/ 1940.

n.a. = Not available.

Table 88.--Total milk: Production, prewar and 1950-70

Year	Eastern Europe: Albania	Bulgaria 1/	Czechoslovakia 1/	East Germany	Hungary 1/2/	Poland 1/2/	Romania 1/	Yugoslavia 1/	Total 3/	U.S.S.R.	U.S.S.R. and Eastern Europe 3/
	1,000 tons										
Prewar	n.a.	4/690.1	5/5,042	n.a.	6/1,573	6/11,444.1	6/1,906	4/2,031	7/	8/33,600	7/
1950	n.a.	665.3	3,271	3,496.8	1,446	8,000.0	1,931	1,649	20,459.2	35,311	55,770.2
1951	n.a.	672.4	3,555	4,249.5	1,452	8,938.8	1,905	1,675	22,448.1	36,154	58,602.1
1952	n.a.	638.0	3,587	4,829.7	1,424	9,099.6	1,967	1,509	23,054.2	35,702	58,756.2
1953	n.a.	628.2	3,244	4,620.5	1,364	9,301.7	1,854	1,748	22,760.6	36,475	59,235.6
1954	n.a.	662.2	3,264	5,075.1	1,455	9,622.3	2,047	1,753	23,878.6	38,197	62,075.6
1955	n.a.	743.8	3,521	5,403.9	1,526	9,913.1	2,204	1,918	25,229.7	43,009	68,238.7
1956	n.a.	797.8	3,712	5,400.6	1,518	10,228.1	2,019	2,086	25,761.5	49,111	74,872.5
1957	n.a.	912.0	3,741	5,675.3	1,782	11,053.7	2,147	2,380	27,691.0	54,750	82,441.0
1958	n.a.	988.4	3,764	6,003.3	1,952	11,870.9	2,354	2,416	29,349.0	58,674	88,023.0
1959	n.a.	1,031.0	3,771	6,144.7	1,990	12,314.6	2,540	2,527	30,318.3	61,742	92,060.3
1960	n.a.	1,114.2	3,830	6,011.9	1,958	12,499.5	2,750	2,509	30,672.6	61,718	92,390.6
1961	n.a.	1,188.7	3,946	5,854.9	1,899	12,770.9	2,911	2,467	31,140.6	62,565	93,705.6
1962	n.a.	1,127.2	3,664	5,424.7	1,806	12,873.2	2,779	2,398	30,072.3	63,930	94,002.3
1963	n.a.	1,170.6	3,535	5,773.1	1,804	12,653.3	2,537	2,342	29,814.6	61,248	91,062.6
1964	n.a.	1,303.3	3,763	5,947.3	1,856	12,604.3	2,490	2,406	30,369.9	63,262	93,631.9
1965	n.a.	1,388.1	3,924	6,542.5	1,762	13,343.8	2,684	2,474	32,118.7	72,563	104,681.7
1966	n.a.	1,500.8	4,169	6,886.9	1,851	14,235.2	3,093	2,696	34,425.1	75,992	110,225.1
1967	n.a.	1,610.4	4,335	2/6,903.7	1,977	14,493.8	3,391	2,796	35,510.5	79,900	115,410.5
1968	n.a.	1,587.5	4,559	2/7,226.7	1,933	14,642.2	3,134	2,820	35,902.4	82,295	118,197.2
1969	n.a.	1,581.3	4,751	2/7,232.3	1,888	14,757.6	3,101	2,807	36,118.2	81,540	117,658.2
1970	n.a.	1,632.3	4,794	2/7,091.0	1,863	14,948.0	3,116	2,737	36,181.3	82,896	119,077.3

1/ Converted at 1,000 liters = 1.031 tons. 2/ Cow's milk only. 3/ Reported data only. 4/ 1939. 5/ 1937. 6/ 1938. 7/ Prewar data not added because of different base years. 8/ 1940.

n.a. = Not available.

Table 89.--Cow's milk: Production, prewar and 1950-70

Year	Eastern Europe									U.S.S.R.	U.S.S.R. and Eastern Europe 3/
	Albania	Bulgaria 1/	Czecho-slovakia 1/	East Germany	Hungary 1/	Poland 1/	Romania 1/2/	Yugo-slavia 1/	Total 3/		
	1,000 tons										
Prewar....	n.a.	4/252.8	5/5,042	n.a.	6/1,573	6/11,444.1	6/1,496	4/1,670	7/	8/32,820	7/
1950......	n.a.	282.0	3,271	2,877.1	1,446	8,000.0	1,519	1,423	18,817.8	33,384	52,201.8
1951......	n. .	271.3	3,555	3,718.6	1,452	8,938.8	1,532	1,443	20,910.9	33,964	54,874.9
1952......	n. .	271.7	3,587	4,292.2	1,424	9,099.6	1,564	1,282	21,520.3	33,784	55,304.3
1953......	n. .	267.2	3,244	4,142.7	1,364	9,301.7	1,497	1,502	21,319.0	34,269	55,588.0
1954......	n. .	300.2	3,264	4,595.0	1,455	9,622.3	1,687	1,547	22,470.7	36,205	58,675.7
1955......	n.a.	381.6	3,521	4,961.6	1,526	9,913.1	1,819	1,701	23,822.9	41,131	64,953.9
1956......	n.a.	456.5	3,712	4,985.5	1,518	10,228.1	1,702	1,857	24,459.0	47,464	71,923.0
1957......	n.a.	524.2	3,741	5,286.5	1,782	11,053.7	1,784	2,159	26,330.3	53,338	79,668.3
1958......	n.a.	593.9	3,764	5,656.1	1,952	11,870.9	1,988	2,192	28,016.7	57,402	85,418.7
1959......	n.a.	672.5	3,771	5,826.4	1,990	12,314.6	2,173	2,300	29,047.0	60,697	89,744.0
1960......	n.a.	744.6	3,830	5,930.1	1,958	12,449.5	2,358	2,282	29,552.1	n.a.	n.a.
1961......	n.a.	813.1	3,946	5,611.9	1,899	12,770.9	2,498	2,248	29,786.9	n.a.	n.a.
1962......	n.a.	772.2	3,664	5,215.9	1,806	12,873.2	2,405	2,219	28,955.2	n.a.	n.a.
1963......	n.a.	756.0	3,535	5,568.8	1,804	12,653.3	2,186	2,170	28,672.8	n.a.	n.a.
1964......	n.a.	925.8	3,763	5,750.5	1,856	12,604.3	2,118	2,238	29,255.4	n.a.	n.a.
1965......	n.a.	1,000.3	3,924	6,371.4	1,762	13,343.8	2,304	2,303	31,008.7	n.a.	n.a.
1966......	n.a.	1,098.2	4,169	6,728.1	1,851	14,235.2	2,676	2,512	33,268.5	n.a.	n.a.
1967......	n.a.	1,211.2	4,335	6,903.7	1,977	14,493.8	2,974	2,607	34,501.7	n.a.	n.a.
1968......	n.a.	1,198.9	4,559	7,226.7	1,933	14,642.2	2,748	2,633	34,940.8	n.a.	n.a.
1969	n.a.	1,205.6	4,751	7,232.3	1,888	14,757.6	2,738	2,626	35,198.5	n.a.	n.a.
1970......	n.a.	1,251.5	4,794	7,091.0	1,863	14,948.0	2,755	2,547	35,249.5	n.a.	n.a.

1/ Converted at 1,000 liters = 1.031 tons. 2/ Cow and buffalo milk. 3/ Excludes Albania. 4/ 1939. 5/ 1937. 6/ 1938. 7/ Prewar data not added because of different base years. 8/ 1940.

n.a. = Not available.

Table 90.--Butter (factory): Production, prewar and 1950-70

Year	Eastern Europe									U.S.S.R.	U.S.S.R. and Eastern Europe[1]
	Albania	Bulgaria	Czecho-slovakia	East Germany	Hungary	Poland	Romania	Yugo-slavia	Total [1]		
						1,000 tons					
Prewar......:	n.a.	[2]/.7	n.a.	n.a.	[3]/10.1	n.a.	n.a.	n.a.	[4]/	[5]/226.1	[4]/
1950........:	n.a.	2.0	34.4	60.9	8.4	32.2	2.3	n.a.	140.2	335.9	476.1
1951........:	n.a.	4.2	36.9	85.5	6.8	46.3	3.7	n.a.	183.4	355.0	538.4
1952........:	n.a.	3.1	38.8	96.7	12.1	52.1	6.2	.a.	209.0	370.9	579.9
1953........:	n.a.	3.9	35.2	96.4	8.1	54.2	4.6	.a.	202.4	382.2	584.6
1954........:	n.a.	3.3	37.0	108.7	9.4	59.9	4.9	.a.	223.2	389.0	612.2
1955........:	n.a.	3.6	43.2	143.8	11.4	61.3	6.9	.a.	270.2	463.1	733.3
1956........:	n.a.	4.7	49.1	[6]/140.8	12.6	62.3	5.9	n.a.	275.4	557.0	832.4
1957........:	n.a.	5.4	52.1	[6]/151.7	12.2	78.7	6.6	n.a.	306.7	635.0	941.7
1958........:	n.a.	6.1	58.0	[6]/157.6	16.9	88.0	10.2	n.a.	336.8	659.1	995.9
1959........:	n.a.	8.3	55.4	[6]/161.0	16.5	93.3	11.0	n.a.	345.5	721.4	1,066.9
1960........:	n.a.	11.0	58.4	[6]/174.6	16.4	94.6	12.6	n.a.	367.6	737.2	1,104.8
1961........:	n.a.	10.7	67.6	[6]/177.9	15.6	94.8	14.2	n.a.	380.8	781.4	1,162.2
1962........:	n.a.	10.9	64.1	[6]/160.3	14.6	91.1	14.7	n.a.	355.7	830.5	1,186.2
1963........:	n.a.	9.5	74.1	[6]/168.1	17.7	81.2	16.2	n.a.	366.8	776.5	1,143.3
1964........:	n.a.	11.6	81.5	[6]/173.0	19.1	87.4	19.0	n.a.	391.6	845.9	1,237.5
1965........:	n.a.	11.9	83.6	[6]/197.4	17.0	105.0	21.8	n.a.	436.7	1,072.7	1,509.4
1966........:	n.a.	11.6	84.2	[6]/205.6	19.3	118.0	28.2	n.a.	381.7	1,042.0	1,497.3
1967........:	n.a.	13.4	82.2	[6]/209.4	23.3	119.0	30.1	.a.	477.4	1,060.0	1,537.4
1968........:	n.a.	15.1	86.9	[6]/219.8	21.4	124.0	28.6	.a.	495.8	1,044.0	1,539.8
1969........:	n.a.	14.4	87.0	[6]/215.2	21.4	118.0	30.8	.a.	486.8	954.0	1,440.8
1970........:	n.a.	14.1	86.9	[6]/215.6	20.2	127.0	30.7	.a.	494.5	963.0	1,457.5

[1]/ Reported data only. [2]/ 1939. [3]/ 1938. [4]/ Prewar data not added because of different base years. [5]/ 1940.
[6]/ Total production.

n.a. = Not available.

Table 91.--Eggs: Production, prewar and 1950-70

Year	Eastern Europe									U.S.S.R.	U.S.S.R. and Eastern Europe 1/
	Albania	Bulgaria	Czecho-slovakia	East Germany	Hungary	Poland	Romania	Yugo-slavia	Total 1/		
	Millions										
Prewar......	n.a.	2/743.9	3/1,899	n.a.	4/844	4/3,200	4/1,354	2/1,370	5/	6/12,200	5/
1950........	n.a.	585.4	1,607	n.a.	995	3,400	1,100	800	8,487.4	11,697	20,184.4
1951........	n.a.	658.0	1,768	1,320.0	980	3,600	1,135	850	10,311.0	13,252	23,563.0
1952........	n.a.	750.2	1,717	1,594.0	1,080	3,807	1,210	902	11,060.2	14,399	25,459.2
1953........	n.a.	794.7	2,041	1,921.7	670	3,953	1,400	921	11,701.4	16,059	27,760.4
1954........	n.a.	800.0	1,751	1,976.5	1,019	4,079	1,400	1,061	12,086.5	17,179	29,265.5
1955........	n.a.	810.9	1,734	2,042.8	1,307	4,160	1,546	1,260	12,860.7	18,481	31,341.7
1956........	n.a.	838.3	1,900	2,400.0	1,539	4,253	1,766	1,477	14,173.3	19,532	33,705.3
1957........	n.a.	870.9	2,055	2,742.3	1,586	4,332	2,000	1,509	15,095.2	22,269	37,364.2
1958........	n.a.	904.5	2,070	3,026.7	1,716	4,553	2,002	1,511	15,783.2	23,040	38,823.2
1959........	n.a.	958.9	2,135	3,126.8	1,850	5,127	2,160	1,527	16,884.7	25,594	42,478.7
1960........	n.a.	1,221.2	2,267	3,511.5	1,848	5,589	2,355	1,533	18,324.7	27,464	45,788.7
1961........	n.a.	1,401.3	2,351	3,602.3	1,900	6,141	2,600	1,461	19,456.6	29,309	48,765.6
1962........	n.a.	1,316.4	2,375	3,100.	1,835	6,092	2,568	1,420	18,706.4	30,087	48,793.4
1963........	n.a.	1,245.9	2,515	3,250.	1,887	5,751	2,258	1,643	18,549.9	28,523	47,072.9
1964........	n.a.	1,326.0	2,695	3,695.6	2,215	6,000	2,456	1,733	20,120.6	26,694	46,814.6
1965........	n.a.	1,448.7	3,007	3,935.0	2,393	6,264	2,630	1,746	21,423.7	29,068	50,491.7
1966........	n.a.	1,489.8	3,080	3,894.	2,436	6,253	2,814	1,996	19,545.1	31,672	51,217.1
1967........	n.a.	1,683.2	3,218	3,995.	2,714	6,348	3,011	2,126	23,095.2	33,921	57,016.2
1968........	n.a.	1,626.8	3,270	4,046.	2,792	6,315	3,113	2,186	23,348.8	35,679	59,027.8
1969........	n.a.	1,518.7	3,430	4,194.0	2,714	6,700	3,315	2,476	24,347.7	37,190	61,537.7
1970........	n.a.	1,617.5	3,733	4,442.8	3,280	6,941	3,537	2,868	23,418.5	40,700	64,118.5

1/ Reported data only. 2/ 1939. 3/ 1937. 4/ 1938. 5/ Prewar data not added because of different base years. 6/ 1940.

n.a. = Not available.

Table 92.--Wool[1/]: Production, prewar and 1950-70

Year	Eastern Europe									U.S.S.R. 3/	U.S.S.R. and Eastern Europe 2/
	Albania	Bulgaria	Czecho-slovakia	East Germany	Hungary	Poland	Romania	Yugo-slavia	Total 2/		
	1,000 tons										
Prewar	n.a.	4/12.8	n.a.	n.a.	5/8.1	5/4.4	5/15.1	4/15.6	6/	7/161.0	6/
1950	n.a.	13.8	1.6	n.a.	4.4	4.4	15.6	15.1	54.9	179.6	232.9
1951	n.a.	14.3	n.a.	n.a.	3.7	5.1	16.0	15.5	54.6	192.0	246.6
1952	n.a.	13.3	n.a.	n.a.	3.9	5.7	16.6	15.1	54.6	219.0	273.6
1953	n.a.	12.8	n.a.	n.a.	4.8	6.6	18.6	15.7	58.5	234.9	293.4
1954	n.a.	14.2	n.a.	n.a.	5.5	8.9	19.2	16.6	64.4	230.0	294.4
1955	n.a.	14.4	3.0	7.1	5.7	9.8	20.7	16.3	77.0	255.8	329.8
1956	n.a.	15.0	n.a.	n.a.	6.5	9.8	19.5	14.9	65.7	261.6	327.3
1957	n.a.	14.9	n.a.	n.a.	6.7	9.3	19.1	14.0	64.0	288.9	352.9
1958	n.a.	17.1	n.a.	8.0	7.3	9.0	19.6	14.1	75.1	321.8	396.9
1959	n.a.	19.3	n.a.	8.3	8.0	9.2	21.0	14.3	80.1	355.5	435.6
1960	n.a.	21.0	2.5	7.7	8.3	9.0	21.8	13.5	83.8	356.4	437.7
1961	n.a.	23.2	n.a.	7.9	9.4	8.8	23.0	13.7	86.0	366.3	452.3
1962	n.a.	22.8	n.a.	7.1	9.4	8.2	24.2	13.3	85.0	371.4	456.4
1963	n.a.	23.7	n.a.	7.5	9.5	7.3	22.6	12.6	83.2	372.7	455.9
1964	n.a.	25.4	n.a.	7.8	10.5	7.4	24.8	12.2	88.1	340.7	428.8
1965	n.a.	25.8	2.0	8.0	10.1	7.5	25.4	12.6	91.4	356.9	446.3
1966	n.a.	25.5	2.2	8.1	9.9	8.0	26.1	13.4	93.2	370.9	461.5
1967	n.a.	27.2	2.7	8.0	10.1	8.6	28.6	13.8	99.0	394.5	7/493.5
1968	n.a.	28.9	3.3	8/3.6	10.9	8.8	30.6	13.5	99.6	415.1	7/514.7
1969	n.a.	28.3	3.8	8/3.5	10.8	8.9	30.8	12.7	98.8	389.7	7/488.5
1970	n.a.	28.8	4.1	8/3.3	9.8	8.9	29.7	12.0	96.6	419.0	7/515.6

1/ Greasy basis. 2/ Reported data only. 3/ Including hair from other animals. 4/ 1939. 5/ 1938. 6/ Prewar data not added because of different base years. 7/ 1940. 8/ Washed wool.

n.a. = Not available.

Table 93.--Bulgaria: Per capita consumption of selected foods, 1950-70

Year	Bread and bakery articles 1/	Rice	Meat and meat products	Vegetable oil and fats	Milk and dairy products 2/	Eggs 3/	Sugar and sugar preparations	Vegetables, fresh and canned	Fruit, fresh and canned
					- - - - Kilograms - - - -				
1950...........:	n.a.	n.a.	n.a.	n.a.	n.a.	n.a.	n.a.	n.a.	n.a.
1951...........:	n.a.	n.a.	n.a.	n.a.	n.a.	n.a.	n.a.	n.a.	n.a.
1952...........:	264.0	1.7	21.3	9.3	80.2	68	6.5	79.6	91.8
1953...........:	n.a.	n.a.	n.a.	n.a.	n.a.	n.a.	n.a.	n.a.	n.a.
1954...........:	n.a.	n.a.	n.a.	n.a.	n.a.	n.a.	n.a.	n.a.	n.a.
1955...........:	n.a.	n.a.	n.a.	n.a.	n.a.	n.a.	n.a.	n.a.	n.a.
1956...........:	257.0	2.9	26.6	11.2	81.0	69	11.6	73.3	83.5
1957...........:	n.a.	n.a.	n.a.	n.a.	n.a.	n.a.	n.a.	n.a.	n.a.
1958...........:	n.a.	n.a.	n.a.	n.a.	n.a.	n.a.	n.a.	n.a.	n.a.
1959...........:	n.a.	n.a.	n.a.	n.a.	n.a.	n.a.	n.a.	n.a.	n.a.
1960...........:	261.4	3.4	29.1	14.0	92.3	84	17.7	97.2	95.3
1961...........:	n.a.	n.a.	n.a.	n.a.	n.a.	n.a.	n.a.	n.a.	n.a.
1962...........:	n.a.	n.a.	n.a.	n.a.	n.a.	n.a.	n.a.	n.a.	n.a.
1963...........:	259.6	3.9	34.5	15.4	90.5	98	19.8	88.5	132.3
1964...........:	259.6	3.8	37.7	15.6	98.3	99	22.8	89.5	132.3
1965...........:	265.4	3.7	39.6	15.3	103.6	100	22.3	88.8	131.4
1966...........:	272.0	3.8	42.4	15.4	112.0	109	25.5	92.0	161.6
1967...........:	255.9	3.7	43.4	17.3	118.8	114	25.2	87.6	148.2
1968...........:	247.2	3.9	41.9	16.5	105.4	111	29.6	89.5	151.9
1969...........:	247.0	4.0	41.7	16.1	110.4	118	32.3	88.0	148.7
1970...........:	238.8	3.8	41.4	16.2	116.6	122	32.9	88.9	148.2

1/ In terms of whole grain; includes corn.
2/ Excludes butter. Converted to whole milk, in liters.
3/ Numbers.

n.a. = Not available.

Table 94.--Czechoslovakia: Per capita consumption of selected foods, prewar and 1950-70

Year	Cereals 1/	Potatoes	Sugar	Vegetables	Fruit	Meat and meat products	Poultry	Slaughter fats	Milk 2/	Butter	Eggs 3/	Total animal fats & vegetable oils 4/	Fish
						Kilograms							
1936......:	115.6	118.9	23.2	65.5	42.9	34.0	2.5	5.5	159.1	4.9	136	14.1	2.1
1950......:	n.a.	n.a.	n.a.	n.a.	n.a.	n.a.	n.a.	n.a.	n.a.	n.a.	n.a.	n.a.	n.a.
1951......:	n.a.	n.a.	n.a.	n.a.	n.a.	n.a.	n.a.	n.a.	n.a.	n.a.	n.a.	n.a.	n.a.
1952......:	n.a.	n.a.	n.a.	n.a.	n.a.	n.a.	n.a.	n.a.	n.a.	n.a.	n.a.	n.a.	n.a.
1953......:	n.a.	126.1	28.6	79.0	65.0	42.1	3.2	6.3	143.8	4.2	183	15.0	2.7
1954......:	n.a.	125.3	33.1	72.4	46.7	41.9	3.7	6.9	143.2	5.0	160	16.6	3.7
1955......:	129.1	121.2	33.7	85.2	43.8	44.8	3.9	6.7	145.3	5.0	164	16.6	3.7
1956......:	129.4	126.7	34.3	69.3	50.4	49.8	3.8	6.5	137.2	5.4	167	17.1	3.6
1957......:	120.4	122.6	34.1	73.3	39.4	52.6	4.0	6.4	129.7	5.5	174	17.4	3.5
1958......:	116.8	107.3	34.9	77.1	61.5	53.9	4.1	6.5	118.6	5.6	170	17.5	3.6
1959......:	117.6	104.0	34.6	72.9	43.2	55.5	4.3	7.2	110.2	5.9	168	18.6	4.0
1960......:	119.0	100.3	36.3	87.3	70.4	56.8	4.7	7.5	108.6	6.1	179	19.3	4.7
1961......:	119.4	107.5	38.4	78.3	46.4	58.6	5.1	7.8	110.2	6.3	183	20.4	4.6
1962......:	124.7	101.1	38.3	79.8	32.3	58.6	4.7	7.5	109.2	6.5	181	20.8	4.7
1963......:	124.3	113.3	38.5	84.3	41.2	58.3	4.6	7.2	106.2	6.6	189	19.8	4.5
1964......:	123.2	118.9	37.4	85.1	39.9	59.1	5.4	7.5	108.0	6.8	203	20.0	4.5
1965......:	122.1	93.2	37.5	76.7	34.2	61.7	4.9	8.1	106.5	6.8	228	20.2	4.9
1966......:	118.6	110.7	37.5	83.5	51.9	62.0	5.3	7.7	107.4	6.7	232	20.2	5.1
1967......:	115.2	119.5	36.9	86.1	39.4	62.9	5.4	7.4	113.3	6.8	246	20.3	5.0
1968......:	114.0	112.2	39.1	86.6	44.9	69.0	6.4	7.1	114.6	7.0	248	20.6	5.0
1969......:	108.8	110.4	38.3	84.1	42.3	69.7	6.8	6.4	114.3	7.1	251	19.5	5.2
1970......:	n.a.	110.0	38.0	84.0	n.a.	71.3	n.a.	n.a.	n.a.	n.a.	252	n.a.	5.2

1/ In terms of wheat and rye flour only.
2/ Liters.
3/ Numbers.
4/ Pure fat content.
n.a. = Not available.

Table 95.--East Germany: Per capita consumption of selected foods, 1950-70

Year	Cereals 1/	Potatoes	Sugar 2/	Vegetables	Fruits and nuts	Meat and meat products	Slaughter fats 3/	Milk 4/	Butter 3/	Eggs and egg products 5/	Vegetable oils 3/	Fish and fish products
	Kilograms											
1950.......	6/	6/	6/	6/	6/	6/	6/	6/	6/	6/	6/	6/
1951.......	6/	6/	6/	6/	6/	6/	6/	6/	6/	6/	6/	6/
1952.......	6/	6/	6/	6/	6/	6/	6/	6/	6/	6/	6/	6/
1953.......	6/	6/	6/	6/	6/	6/	6/	6/	6/	6/	6/	6/
1954.......	6/	6/	6/	6/	6/	6/	6/	6/	6/	6/	6/	6/
1955.......	121.6	174.6	27.4	n.a.	n.a.	45.0	7.0	90.7	9.5	116	12.0	12.2
1956.......	6/	6/	6/	6/	6/	6/	6/	6/	6/	6/	6/	6/
1957.......	6/	6/	6/	6/	6/	6/	6/	6/	6/	6/	6/	6/
1958.......	114.1	167.9	29.4	67.6	66.7	50.2	6/	95.4	11.7	176	6/	11.7
1959.......	109.6	170.7	28.8	51.5	38.5	53.7	6/	106.9	13.2	177	6/	11.9
1960.......	101.6	173.9	29.3	60.7	80.1	55.0	7.1	94.5	13.5	197	12.5	12.8
1961.......	98.2	160.0	31.6	58.8	40.4	56.3	6.9	87.8	13.4	203	12.9	12.7
1962.......	100.9	154.5	30.4	57.6	51.8	53.5	6.2	87.1	12.0	181	15.2	13.3
1963.......	96.4	158.8	29.9	62.9	48.8	56.0	6.7	95.1	12.3	189	14.3	13.7
1964.......	99.0	155.9	30.7	67.7	43.2	58.0	7.1	93.9	12.6	205	14.2	13.3
1965.......	100.2	156.5	30.1	63.8	46.5	58.7	6.6	94.1	12.5	211	14.6	16.5
1966.......	101.0	155.7	29.3	73.0	57.4	60.1	6.3	95.7	12.9	213	14.4	16.0
1967.......	99.3	156.3	31.6	76.7	61.3	61.4	6.4	96.5	13.7	216	n.a.	16.3
1968.......	96.8	150.0	32.6	73.9	59.0	63.0	6.2	99.2	14.0	220	n.a.	16.4
1969.......	97.5	148.8	33.5	70.8	60.7	65.1	5.8	100.2	14.2	230	n.a.	n.a.
1970.......	97.0	153.5	34.5	81.5	54.8	66.0	5.8	98.5	14.5	241	n.a.	n.a.

1/ In terms of flour; includes wheat, rye, and milled rice. 2/ Includes sugar products. 3/ Product weight, includes margarine. 4/ 2.5 percent fat content in liters. 5/ Numbers. 6/ Earlier data not consistent with most recent data.

n.a. = Not available.

Table 96.--Hungary: Per capita consumption of selected foods, prewar and 1950-70

Year	Cereals 1/	Potatoes	Sugar	Vegetables	Fruit	Meat and meat products 2/	Slaughter fats	Milk and milk products	Butter	Eggs	Vegetable oils	Fish
						Kilograms						
1934-38 average..:	147.0	130.0	10.5	n.a.	n.a.	33.2	13.0	101.9	n.a.	5.2	n.a.	n.a.
1950.......:	142.1	108.7	16.3	n.a.	n.a.	34.3	15.8	111.9	3/1.0	4.7	1.9	n.a.
1951.......:	150.5	106.6	16.4	n.a.	n.a.	34.5	15.6	96.4	3/1.0	4.4	2.6	n.a.
1952.......:	150.8	102.8	19.7	n.a.	n.a.	36.4	16.9	77.1	3/ .9	4.9	2.2	n.a.
1953.......:	155.7	109.5	21.1	n.a.	n.a.	28.3	14.9	88.6	3/ .8	3.4	2.5	n.a.
1954.......:	148.0	113.1	24.2	n.a.	n.a.	32.9	16.1	93.5	3/1.0	4.7	2.5	n.a.
1955.......:	151.7	119.9	24.4	n.a.	n.a.	36.9	18.4	86.7	3/1.0	5.7	2.6	n.a.
1956.......:	154.8	103.6	25.0	n.a.	n.a.	40.7	20.0	91.0	3/1.0	6.9	1.6	n.a.
1957.......:	136.7	102.2	25.1	n.a.	n.a.	41.1	19.5	106.8	3/1.1	7.8	1.3	n.a.
1958.......:	133.4	99.3	24.7	n.a.	n.a.	41.3	18.4	108.6	3/1.2	8.2	1.1	n.a.
1959.......:	137.2	99.7	25.9	n.a.	n.a.	45.9	20.0	114.9	3/1.3	8.7	1.3	n.a.
1960.......:	136.2	97.6	26.6	84.1	55.3	47.6	20.8	114.0	1.4	8.9	1.3	1.5
1961.......:	136.9	95.0	27.6	78.7	66.0	48.3	20.4	106.0	1.5	8.9	1.5	1.5
1962.......:	135.2	94.1	28.0	76.8	64.0	49.9	19.7	103.5	1.6	8.9	1.6	1.6
1963.......:	134.9	88.9	28.7	88.3	70.1	50.3	20.3	97.3	1.6	9.0	1.9	1.6
1964.......:	135.6	87.8	29.7	78.5	65.4	51.3	20.8	99.5	1.6	10.0	2.0	1.8
1965.......:	139.2	84.3	30.1	76.7	52.8	51.6	19.5	97.1	1.6	10.4	2.0	1.6
1966.......:	135.3	85.2	31.3	83.5	62.0	50.0	21.0	100.6	1.6	10.7	2.0	2.0
1967.......:	134.5	84.6	32.0	81.5	70.6	51.6	22.3	105.1	1.6	11.2	2.0	2.3
1968.......:	132.5	80.0	31.7	82.4	68.9	53.8	22.3	110.6	1.9	12.1	2.2	2.5
1969.......:	130.5	75.4	34.2	85.8	72.4	55.2	22.0	110.2	2.1	12.3	2.5	2.6
1970.......:	128.0	75.0	33.5	84.0	70.0	58.0	22.5	111.0	2.2	13.0	2.8	2.5

1/ In terms of flour; includes wheat, rye, and rice.
2/ Includes meat products converted to raw meat basis.
3/ Derived from official data.

n.a. = Not available.

Table 97.--Poland: Per capita consumption of selected foods, prewar and 1950-70

Year	Cereals 1/	Potatoes	Sugar	Meat	Slaughter fats 2/	Milk 3/	Butter 2/	Eggs 4/	Vegetable oils 2/	Fish
					Kilograms					
Prewar........:	5/137	n.a.	6/9.6	n.a.	n.a.	n.a.	n.a.	6/114	n.a.	n.a.
1950..........:	166	n.a.	21.0	36.5	6.2	206	3.3	116	1.7	1.7
1951..........:	160	n.a.	24.9	7/	5.8	7/	3.9	127	1.7	7/
1952..........:	160	n.a.	22.4	7/	5.2	7/	4.0	130	1.9	7/
1953..........:	163	n.a.	19.9	7/	5.5	7/	4.0	125	1.8	7/
1954..........:	166	n.a.	22.4	7/	5.7	7/		135	1.8	7/
1955..........:	171	229	24.0	37.7	6.1	204	4.6	132	1.9	2.7
1956..........:	151	235	25.2	7/	6.8	7/	5.0	127	1.9	7/
1957..........:	154	234	26.2	7/	7.2	7/	5.1	133	1.8	7/
1958..........:	142	232	28.5	7/	7.4	7/	5.0	134	2.2	7/
1959..........:	144	226	29.6	7/	7.2	7/	5.0	141	2.8	7/
1960..........:	145	223	27.9	42.5	7.4	227	4.7	143	3.5	4.5
1961..........:	147	223	30.6	45.2	7.3	230	4.7	148	4.0	4.1
1962..........:	148	221	30.2	45.8	7.1	232	4.6	150	4.6	4.2
1963..........:	143	218	32.3	46.3	6.5	230	4.6	147	5.4	4.4
1964..........:	141	217	31.4	47.1	6.8	228	4.6	154	5.9	4.6
1965..........:	141	215	32.6	49.2	6.8	233	5.0	162	5.7	5.0
1966..........:	137	211	34.1	51.0	6.9	246	5.3	169	5.6	5.0
1967..........:	136	207	35.5	52.3	7.1	250	5.7	171	5.5	5.0
1968..........:	133	201	36.7	52.2	8.2	253	5.8	172	5.5	5.5
1969..........:	132	199	37.2	52.6	8.4	258	5.9	182	5.8	5.8
1970..........:	132	197	38.9	52.6	8.1	259	6.0	184	6.5	6.2

1/ In terms of flour; includes all types of cereal grains, but excludes rice. 2/ Product weight. 3/ Liters.
4/ Numbers. 5/ 1938. 6/ 1933-37 average. 7/ Earlier data not consistent with most recent data.

n.a. = Not available.

Table 98.--Yugoslavia: Per capita consumption of selected foods, 1950-70

Year	Cereals 1/	Potatoes	Sugar	Vegetables	Fruit	Meat 2/	Poultry	Slaughter fats	Milk 3/	Butter	Eggs 4/	Vegetable oils	Fish
	Kilograms												
1950......:	5/	5/	5/	5/	5/	5/	5/	5/	5/	5/	5/	5/	5/
1951......:	5/	5/	5/	5/	5/	5/	5/	5/	5/	5/	5/	5/	5/
1952......:	194.0	60.0	8.0	30.5	36.0	14.6	2.4	4.9	58.0	.7	46	1.7	1.2
1953......:	186.2	67.9	8.2	32.6	57.1	18.2	2.9	7.8	59.0	.8	44	1.7	1.3
1954......:	189.2	63.9	9.2	37.9	36.4	18.2	2.7	7.2	60.0	.8	34	2.6	1.2
1955......:	184.8	60.3	10.8	38.8	57.9	19.9	2.5	7.5	65.0	1.2	52	2.1	1.3
1956......:	183.4	56.6	11.3	40.3	30.4	20.1	2.9	7.4	72.0	.8	58	2.0	1.2
1957......:	184.3	61.9	13.1	47.9	48.9	18.4	3.2	7.4	84.0	.7	70	2.1	1.4
1958......:	184.1	65.1	13.5	50.5	46.8	18.7	3.2	6.9	83.0	.8	64	2.3	1.2
1959......:	189.1	73.4	14.1	50.4	71.1	21.1	3.3	6.8	80.0	.7	72	2.9	1.3
1960......:	186.0	69.7	14.9	56.6	39.1	22.9	3.5	7.1	78.0	.7	66	3.2	1.4
1961......:	182.3	67.2	17.4	54.8	50.5	21.0	3.4	6.7	73.0	.8	61	3.3	1.3
1962......:	194.9	65.0	16.6	55.0	42.9	21.2	3.2	6.8	71.0	.8	64	4.9	1.1
1963......:	193.6	66.1	18.2	64.0	59.3	19.2	3.4	6.5	64.0	1.1	68	5.9	1.3
1964......:	196.2	65.3	19.9	61.7	60.3	20.8	3.7	6.5	67.0	.9	75	6.9	1.3
1965......:	194.1	63.0	23.8	51.5	48.7	22.5	4.2	7.0	68.0	.8	78	6.4	1.5
1966......:	190.1	64.6	24.4	59.1	64.5	21.7	4.4	7.3	74.0	.9	88	6.8	1.7
1967......:	187.7	66.0	24.5	60.9	68.7	23.6	4.7	7.4	76.5	.9	96	7.1	1.7
1968......:	182.0	65.0	24.1	61.0	64.3	25.4	5.3	7.2	75.5	.9	102	7.5	1.8
1969......:	179.1	63.0	24.8	60.9	76.2	24.4	5.8	7.3	74.6	1.0	110	7.9	2.3
1970......:	n.a.	n.a.	n.a.	n.a.	n.a.	n.a.	n.a.	n.a.	n.a.	n.a.	n.a.	n.a.	n.a.

1/ In terms of flour; includes all types of cereal grains. 2/ Includes beef, pork, mutton, game, and horse meat. 3/ Liters. 4/ Numbers. 5/ Earlier data not consistent with most recent data.

Table 99.--U.S.S.R.: Per capita consumption of selected foods, 1950-70

Year	Bread products 1/	Potatoes	Sugar	Vegetables and melons	Meat and fats 2/	Milk and dairy products in terms of milk	Eggs 3/	Vegetable oil	Fish and fish products
					- - - - - Kilograms - - - - -				
1950..........:	172	241	11.6	51	26	172	60	2.7	7.0
1951..........:	n.a.	n.a.	n.a.	n.a.	n.a.	n.a.	n.a.	n.a.	n.a.
1952..........:	n.a.	n.a.	n.a.	n.a.	.n.a.	n.a.	n.a.	n.a.	n.a.
1953..........:	n.a.	n.a.	n.a.	n.a.	n.a.	n.a.	n.a.	n.a.	n.a.
1954..........:	n.a.	n.a.	n.a.	n.a.	n.a.	n.a.	n.a.	n.a.	n.a.
1955..........:	n.a.	n.a.	n.a.	n.a.	n.a.	n.a.	n.a.	n.a.	n.a.
1956..........:	n.a.	n.a.	n.a.	n.a.	n.a.	n.a.	n.a.	n.a.	n.a.
1957..........:	n.a.	n.a.	n.a.	n.a.	n.a.	n.a.	n.a.	n.a.	n.a.
1958..........:	172	150	24.2	71	36	238	108	4.7	9.8
1959..........:	n.a.	n.a.	n.a.	n.a.	n.a.	n.a.	n.a.	n.a.	n.a.
1960..........:	164	143	28.0	70	40	240	118	5.3	9.9
1961..........:	n.a.	n.a.	n.a.	n.a.	n.a.	n.a.	n.a.	n.a.	n.a.
1962..........:	n.a.	n.a.	n.a.	n.a.	n.a.	n.a.	n.a.	n.a.	n.a.
1963..........:	n.a.	n.a.	n.a.	n.a.	n.a.	n.a.	n.a.	n.a.	n.a.
1964..........:	159	140	32.2	74	38	238	113	6.6	12.2
1965..........:	156	141	34.2	73	41	252	124	7.1	12.6
1966..........:	153	136	35.3	72	44	259	130	6.3	12.9
1967..........:	150	131	36.7	80	46	274	138	6.5	13.2
1968..........:	149	131	37.4	79	48	285	144	6.5	14.3
1969..........:	149	131	37.8	76	47	304	148	6.6	15.8
1970..........:	150	130	39.1	83	48	307	153	6.9	16.7

1/ In terms of flour and other milling equivalents.
2/ Includes poultry and edible offals.
3/ Numbers.

n.a. = Not available.

Lightning Source UK Ltd.
Milton Keynes UK
UKHW011939021218
333216UK00013B/2204/P

9 780260 625199